W0067102

Karl Lemke

Der Teckel

Der Teckel

Dr. Karl Lemke

Verlag J. Neumann-Neudamm

Alle Zeichnungen wurden nach Vorlagen des Autors
von Christiane Gottschlich gefertigt.

Titelfoto: Siglind Grätz

Lizenzausgabe des Verlages J. Neumann — Neudamm, GmbH & Co. KG
3508 Melsungen
© 1984 by VEB Deutscher Landwirtschaftsverlag
DDR — 1040 Berlin
Printed in the German Democratic Republic
Grafische Gestaltung: Sieghard Hawemann
Satz: Karl-Marx-Werk Pößneck
Druck und buchbinderische Weiterverarbeitung:
Grafische Werke Zwickau
ISBN 3-7888-0439-4

Vorwort

Kleinster unter den Jagdhunden, aber groß an Passion, Schneid, Sinnesschärfe und Vielseitigkeit! Der Dachshund, seit altersher geschätzt und gerühmt, wurde wie kaum eine andere Hunderasse zum unverwechselbaren Gegenstand vielfältigen Schrifttums, der Poesie, bildender Kunst, eines herzerfrischenden Humors. Heute wird der Teckel immer mehr zum Jagdhund unserer Zeit. Zeitmangel vor allem plagt den modernen Jäger. Wie wertvoll da ein Jagdhund, dessen Haltung wenig Aufwand bedarf, den man bei rascher Fahrt ins Revier mühelos im Wagen mitführen kann, der im Rucksack bequem Platz findet, wenn es die luftigen Höhen der Kanzel zu erklimmen gilt.

Vor allem für den Waldjäger immer der rechte Gefährte. Wurde ein Stück krank geschossen, der waidgerecht abgerichtete und geführte Teckel erweist sich als befähigter, zuverlässiger Schweißhund. Doch auch als Saufinder, zum Stöbern, zur Bauarbeit sowie als angenehmer, nützlicher Begleiter bei Pirsch, Ansitz und anderen Jagden leistet er unschätzbare Dienste.

In der vorliegenden Monographie war ich bemüht, alles wesentliche Wissen über diese Hunderasse den Waidgenossen möglichst lückenlos, aber zugleich prägnant und anwendungsbereit zu vermitteln. Fragen der Haltung, Abrichtung und jagdpraktischen Führung sowie der häufig vernachlässigten Prüfungsvorbereitung stehen dabei im Vordergrund. Die Schrift wendet sich darüber hinaus an alle übrigen Teckel- und Hundefreunde.

Ich danke für Anregungen und Hinweise vieler Jäger sowie dem Verlag für die wiederum gelungene Gestaltung und Ausstattung dieses Buches.

Usadel, Juli 1984   Karl Lemke

Inhaltsverzeichnis

1.	**Entstehung und Bedeutung des Teckels**	9
1.1.	Geschichtliches	9
1.2.	Eigenschaften und Bedeutung des Teckels	12
1.3.	Allgemeine Rassekennzeichen	15
1.4.	Kurzhaarteckel	22
1.5.	Rauhhaarteckel	24
1.6.	Langhaarteckel	25
1.7.	Zwerg- und Kaninchenteckel	27
1.8.	Jagdliches Brauchtum um den Teckel	28
2.	**Hundekauf**	34
3.	**Haltung**	36
3.1.	Zwingerhaltung und Stubenhaltung	36
3.2.	Fütterung	43
3.3.	Hundepflege	45
3.4.	Die wichtigsten Hundekrankheiten	48
4.	**Abrichtung**	59
4.1.	Abrichtungsgrundsätze	59
4.2.	Allgemeine Abrichtung	63
4.2.1.	Stubenreinheit	63
4.2.2.	Herankommen auf Ruf und Pfiff	64
4.2.3.	Setzen	64
4.2.4.	Leinenführung und Frei-bei-Fuß-Gehen	65
4.2.5.	Wachsamkeit	67
4.2.6.	Anspringen	68
4.2.7.	Mitführen in Fahrzeugen	68

4.2.8.	Verhalten an Hausgeflügel	70
4.3.	Jagdspezifische Abrichtung	70
4.3.1.	Führerfährte und Hasenspur	70
4.3.2.	Ablegen	71
4.3.3.	Mitführen auf Pirsch, Ansitz sowie Treib- und Drückjagden	72
4.3.4.	Schußfestigkeit	74
4.3.5.	Vertrautmachen mit dem Wasser	74
4.3.6.	Apportieren	75
4.3.7.	Schleppe und Schweißarbeit	76
	Schleppe	76
	Schweißarbeit auf der künstlichen Wundfährte	76
	Schweißarbeit auf der natürlichen Wundfährte	85
	Totverweisen	86
	Totverbellen	87
4.3.8.	Stöbern	88
4.3.9.	Bauarbeit	89
5.	**Jagdpraktische Führung**	93
5.1.	Führung auf der Wundfährte	93
5.1.1.	Verhalten beim Schuß	93
5.1.2.	Schuß- und Pirschzeichen	95
5.1.3.	Nachsuche	99
5.2.	Führung auf Pirsch und Ansitz	108
5.3.	Führung beim Suchen, Finden, Stellen und Verbellen von Sauen	112
5.4.	Führung beim Stöbern und Brackieren	113
5.5.	Führung bei der Bauarbeit	114
6.	**Teckelzucht**	117
6.1.	Grundsätzliches	117
6.2.	Zuchtpraxis	119
6.2.1.	Fortpflanzung	119
6.2.2.	Welpenaufzucht	121
7.	**Vorbereitung auf Prüfungen**	124
8.	**Literaturverzeichnis**	133
9.	**Sachwortverzeichnis**	135

1. Entstehung und Bedeutung des Teckels

1.1. Geschichtliches

In der Mittelsteinzeit, vor etwa 10 000 Jahren, wurde vermutlich der Hund durch Zähmung des kleinen Indischen Wolfes zum ersten Haustier und Jagdhelfer des Menschen. Ähnlich wie bei anderen Haustieren, werden im großen Gesamtverbreitungsgebiet des Wolfes voneinander unabhängige Domestikationszentren angenommen. Die Wandlung des Wolfes bei der Haustierwerdung zum Hund brachte Änderungen der äußeren Erscheinung, z. B. des Haarkleides, Ausbildung von Hängeohren, Farbvariationen, Zwergenwuchs, aber auch Laufverkürzungen. Fehlt doch unter der Obhut des Menschen die natürliche Auslese, und die neuen Formen werden so züchterisch gefestigt.

Schon aus Ägypten um 4000 v. u. Z. sind uns Berichte über Laufverkürzungen bei Hunden überliefert. *Xenophon* erwähnt kurzläufige Hunde aus dem alten Griechenland. Diese Laufverkürzungen stellen jedoch offensichtlich keine alleinige Besonderheit des Dachshundes dar.

Bei Ausgrabungen im Forum Romanum (heute Kempten im Allgäu) fand man Hundeskelette, die darauf schließen lassen, daß die Römer bereits über Dachshunde verfügten.

Zweifellos hatten auch die Germanen niederläufige Jagdhunde. Ob der „Bibarhund", den die „Lex Bajuvarum" schützte, mit dem Dachshund identisch ist, muß jedoch bezweifelt werden.

Ein vermutlicher Dachshundeahne ist bei einer Hetzjagd auf Hase und Fuchs in der Manessischen Liederhandschrift (zweite Hälfte des 13. Jh.) dargestellt.

Die erste eindeutige Beschreibung des Dachshundes und seiner Verwendung zur Erdjagd verdanken wir *Jacques du Fouilloux* in seinem 1561 erschienen Buch „La Vénérie". Wir können hier auch bereits nachlesen, daß es zwei Rassen oder Schläge gab: einen krummläufigen, reinen Erdhund und einen rauhhaarigen, niederen Laufhund.

In einem bekannten Kupferstich hat *J. E. Ridinger (1698—1767)* einige Ahnen der Dachshunde wiedergegeben. Eine treffende Darstellung dieser Hunderasse verdanken wir u. a. ferner dem Maler *Jean Baptiste Oudry* (1686—1755) in dem Gemälde „Dachshund des *Carl Gustav Tessin*".

In der *„Georgica Curiosa" von Hohberg* aus dem Jahre 1701 finden wir einen genauen Bericht über den Einsatz des Dachshundes. Auch bei *H. F. Fleming* „Der Vollkommene Teutsche Jäger" (Leipzig, 1719) fehlt eine Beschreibung der „Erdhündlein" nicht. Der praxisverbundene Jagdklassiker *H. W. Döbel* schreibt in seiner „Jäger-Practica" (Leipzig, 1746) schließlich folgendes: „Unter allen bisher beschriebenen Hunden ist dieses der kleinste, jedoch muß er auch der beherzteste sein, dieweil er unter der Erden in die Baue und Röhren muß, welche öfters so enge sein, daß er kaum sich hinein zwingen kann, er ist aber dabei doch so geschickt, daß er sich auch wieder heraus zu finden weiß. Es giebt dieser Arten auch unterschiedliche, doch habe ich die schwarzen, braunen und rothen am besten befunden, welche die Füße etwas krumm gebogen und die auch nicht allzu groß sein, daß sie sich auch in die Fuchsbaue wenden können ... Sonst lassen auch einige diese Hunde an Hasen und Füchse jagen ... Denn der Hase ästimiret die kleinen Hunde nicht sehr und rückt sachte vor sie fort, da man sie denn leichtlich davor schießet". *Diezel* widmet in seiner 1730 in erster Auflage erschienenen „Niederjagd" den Dachshunden bereits ein ganzes Buchkapitel. Unter anderem können wir hier nachlesen, daß sie zu den „liebenswürdigsten Repräsentanten des ganzen Hundegeschlechts zählen ... hervorragend treu, zärtlich und zuthulich, dabei klug und gelehrig ..." seien. „Im Zimmer sind sie artig und höchst sauber, nur sind sie stets ängstlich auf das weichste und wärmste Plätzchen bedacht. Im Hofe sind sie treue, scharfe und zuverlässige Wächter ... Sie greifen rücksichtslos viel größere und stärkere Hunde an und haben dabei ihre eigene Kampfesweise, die darin besteht, daß sie sich auf den Rücken werfen und den stärkeren Gegner von unten in die Brust oder Wamme packen, sodaß größere Köter oft heulend den Schwanz einklemmen und Versengeld geben müssen ... Für den Jäger ist er der unentbehrlichste Begleiter . . . und der nur ein Waldrevier hat, ist er gewissermaßen Universal-Hund . . ."

In allen ausführlichen Berichten über den Dachshund werden auch seine verschiedenen Haarschläge behandelt. Die in „La Vénérie" von *Jacques du Fouilloux* abgebildeten Hunde sind offenbar langhaarig. Wie bei anderen Hunderassen hat sich die langhaarige Haarvarietät aus der kurzhaarigen entwickelt. Ferner wurden langhaarige Stöberhunde eingekreuzt. Die Rauhhaarteckel entstanden aus dem Kurzhaarteckel durch Zuführung fremder Rassen, insbesondere Schnauzer- (Zwergschnauzer) und Terrierblut. Dies muß bereits in der Vergangenheit geschehen sein, da 1811 *Hartig* feststellt, daß die rauhhaarigen Dachshunde im allgemeinen nicht so krummbeinig und schief seien wie die glatthaarigen. Ende des vorigen Jahrhunderts wurden weitere Einkreuzungen, insbesondere mit dem Dandie-Dinmont-Terrier, vorgenommen. Eine unerwünschte Folge dieser Einkreuzung ist das zuweilen bei manchen seiner Teckelnachkommen noch auftretende weiche, zottelige (Stirnzotteln) und farblich unbefriedigende Haar. Auch der Spurlaut hat sich z. T. verschlechtert. Durch züchterische Maßnahmen konnten diese Mängel in letzter Zeit jedoch im wesentlichen beseitigt werden.

Mit Beginn der planmäßig durchgeführten Hundezucht wurden 1879 auch die Rassekennzeichen des Teckels aufgestellt. Vom „Verein zur Veredlung der Hunderassen in Deutschland" wurde 1880 das erste deutsche Hundestammbuch herausgebracht. 54 der insgesamt 334 Eintragungen entfallen hier auf die Dachshunde. Der „Deutsche Teckelklub" wurde 1888 als eine der ersten Rassehundevereinigungen von *Emil Ilgner* und *Klaus Graf Hahn* gegründet. Die wachsenden Eintragungszahlen seit jener Zeit bis in die Gegenwart beweisen die große Beliebtheit des Teckels, der neben dem Deutschen Schäferhund offenbar bei uns die am meisten gehaltene Hunderasse ist.

Der Teckel der Vergangenheit war vor allem kurzhaarig. Rauhhaarige und langhaarige Dachshunde wurden dagegen selten gehalten. Doch bald änderte sich dies. Während 1939 noch die drei Haarschläge in nahezu gleicher Anzahl gezüchtet wurden, überwiegen heute die lang- und rauhhaarigen Teckel.

Mit Rauhhaarteckeln werden — im Vergleich zu den anderen beiden Haarschlägen — auf Prüfungen relativ die meisten Leistungszeichen erworben.

Der Zwergteckel wurde als Erdhund für die Bejagung des Fuchses in engsten Röhren, der Kaninchenteckel als Frettchenersatz gezüchtet. Natürlich sind diese kleinsten Teckelschläge auch für andere jagdliche Arbeiten begrenzt einsetzbar.

1.2. Eigenschaften und Bedeutung des Teckels

Die Eigenschaften des Teckels sind in seinen Rassekennzeichen fixiert. Der kleine Hund soll klug, lebhaft und mutig bis zur Tollkühnheit sein. Über und unter der Erde verlangt man von ihm ausdauernde Arbeit. Alle Sinne müssen gut entwickelt sein. Feinnasigkeit und seine Figur befähigen den Teckel im Vergleich zu den meisten anderen Jagdhunderassen bevorzugt zur Schweißarbeit. Zur Jagd auf Raubwild unter der Erde prädestinieren ihn Gebäude und Gemütsart. Gute Nase, hohe Jagdpassion, kräftiger Laut und geringe Größe machen ihn zum Stöbern besonders geeignet. Viele Wildarten, selbst Hasen, nehmen den kleinen Kerl „nicht für voll" und so hat der Jäger die Chance, heranzukommen und einen Schuß anzubringen.

Interessant sind immer wieder die optischen und akustischen Ausdrucksmittel des Hundes. Durch straffe Haltung, Schiefhalten des Kopfes, Anheben der Behänge und lebhaftes Spiel der Nasenkuppe äußert sich gespannte Aufmerksamkeit. Bei Angstgefühlen macht unser Teckel ein langes Gesicht und zieht Lefzen und Behänge nach hinten. Wenn er außerdem noch nach hinten schielt und die Rute senkt, so ist er zur Flucht bereit. Der Blick ist dabei zum Erdboden gerichtet. Die Demuthaltung des Hundes äußert sich im Einklemmen der Rute bis zum Wedeln, Einknicken der Läufe, Krümmen des Rückens, glatter Stirn und seitlichem Niederlegen der Behänge. Zeichen der vollkommenen Unterwerfung ist das Liegen auf dem Rücken. Im Gegenteil dazu äußert sich die Imponierhaltung durch gestraffte Haltung, klaren Blick, stolz getragenen Kopf und gehobene Rute. Angriffslust äußert sich durch waagerechte Kopf- und Rückenhaltung mit erhobenen Behängen. Bei der Drohhaltung wendet der Hund die Behänge leicht nach außen und innen, kraust den Nasenrücken, fletscht die Zähne und starrt den Feind an. Hinzu kommen straff nach oben getragene Rute sowie gesträubte Rückenhaare und leicht gekrümmter Rücken. Zuweilen legt sich der Hund auch in eine Art Lauerstellung. Hier erwartet er den Gegner auf etwa 1 m Entfernung und wechselt dann in die oben beschriebene Drohstellung über.

Reich ist die Skale an akustischen Ausdrucksformen des Hundes, die vom leisen Winseln bis zum starken Lautgeben reicht. Jagdlich besonders interessant ist der tiefe, volle, glockenklare Standlaut des Hundes vor gestelltem oder auf der Nachsuche gefundenem Wild. Hoch klingt hingegen der Hetzlaut (jiff, jiff). Während der Mensch die Umwelt mit seinen Augen erfaßt, tut dies der Hund vor allem mit Hilfe seiner Nase. Sie ist der des Menschen gewaltig überlegen. So betragen beim Menschen die Zahl der Riechzellen etwa 8 Mill., beim Teckel hingegen 124 Mill., also 15,5 mal soviel.

Noch wichtiger ist die sogenannte „Riechschwelle" d. h. die noch wahrgenommene Duftintensität. So kann ein Hund Buttersäure bei nur 9000 Molekülen je cm^3 Luft wahrnehmen. Menschen brauchen hierzu 7 000 000 000 Moleküle je cm^3 Luft, also etwa 1 Mill. mal mehr.

Bemerkenswert ist, daß die Ausfüllung der Nase des Hundes mit geruchsgebender Flüssigkeit keine Geruchsfähigkeit auslöst. Die Wittrung muß erst die Nase passiert haben, weshalb auch der Hund schnüffelt. Wenn z. B. durch Stöbern in nassem Gras Wasser in die Nasenröhre gedrungen ist, hat der Hund demzufolge Schwierigkeiten, die Hasenspur aufzunehmen.

Auch das Gehörorgan des Teckels ist dem des Menschen weit überlegen. Durch den Hund werden noch Schwingungen wahrgenommen, die weit außerhalb der Hörgrenze liegen (30 000 je Sekunde). Die vom Menschen nicht mehr gehörte lautlose Hundepfeife wird daher vom Teckel vernommen. Vor allem der hervorragende Geruchs- und Gehörsinn des Teckels befähigen ihn u. a. als wertvollen Begleiter des Jägers bei Pirsch und Ansitz.

Beim Sehen unterscheidet sich der Teckel gegenüber dem Menschen durch einen um 30 bis 50 % vergrößerten Gesichtswinkel infolge der seitlichen Augenstellung. Zum plastischen Sehen sowie Entfernungssehen sind die Hundeaugen weniger gut. Von Tier zu Tier beträgt die Sichtweite nur 80 m. Seinen Herrn kann der Teckel noch bis zu 150 m erkennen. Durch das Wiederleuchten des Augenhintergrundes sieht der Hund nachts wieder besser als der Mensch. Der noch nicht restlos erforschte Geschmackssinn dürfte dem des Menschen etwas unterlegen sein. Einen ausgeprägten Tastsinn finden wir an Nasenspiegel, Zunge, Lefzen, Pfotenballen sowie den Spürhaaren des Kopfes und den längsten Fellhaaren (Leithaaren).

Die Bedeutung des Teckels leitet sich aus seinen Eigenschaften und Leistungen ab. Die Vielseitigkeit prädestiniert ihn für alle

Reviere, vor allem Waldreviere, mit Ausnahme reiner Feldreviere und überwiegender Gewässerreviere. Mit Recht sprach daher schon *Diezel* vom „Universalhund".

Ursprünglich vorwiegend zur Bauarbeit eingesetzt, war der Teckel doch schon immer zugleich Schweiß- und Stöberhund. „Die Nase eines Teckels liegt in seinen Läufen!" Kein Hund kann die Nase höher tragen, als es die Körperform gestattet. Eine von Natur aus gute Nase und die zwangsläufig bedingte tiefe Form ihres Einsatzes über dem Boden erzeugen einen Hund, dessen Leistungen an die klassischen Schweißhunde (Hannoverscher Schweißhund, Bayerischer Gebirgsschweißhund, Alpenländisch-Erzgebirgler-Dachsbracke) heranreichen. Gute Nase, Spurwillen, Spur- und Fährtenlaut sowie Schärfe befähigen den Teckel zu ausgezeichneter Arbeit als Stöberhund und Saufinder. Die Kleinheit des „Rucksackhundes", seine hervorragende Klugheit und Sinnesleistung machen ihn zum idealen Pirsch- und Ansitzbegleiter.

Unter den Bedingungen der Großstadt, bei beschränkten Wohnverhältnissen und fehlendem Platz zur Zwingeranlage ist es häufig überhaupt nur möglich, einen Teckel zu halten (Stubenhaltung).

Es gibt jedoch auch Grenzen des Teckeleinsatzes. Hoher, frisch gefallener, insbesondere taunasser Schnee erschwert dem kurzläufigen Tier die Fortbewegung. Zum Stöbern sollte man seinen Teckel bei solcher Witterung nicht allzusehr strapazieren. Eine nötige Nachsuche mit dem auf Schweiß firmen Dachshund ist aber auch dann möglich. Nur muß der Hundeführer sich hier bequemen, seinem kleinen Jagdkumpan gelegentlich über eine hohe Schneewehe hinwegzuhelfen.

Auch gibt es viele wasserfreudige Teckel, die geschossene Enten aus nicht zu dichtem Schilf und über kürzere Strecken apportieren. Sie bringen sie jedoch meist nur bis zum Ufer des Gewässers, was im allgemeinen ausreicht.

Hasen apportieren werden die Teckel natürlich nicht; die leichteren Kaninchen hingegen wie auch z. B. leichteres Flugwild (z. B. Krähen) bringen sie mühelos.

Zum Vorstehen kann man den Teckel nicht einsetzen — dafür gibt es viele andere Hunderassen, die wiederum zur Erdjagd ungeeignet sind. So fällt auch bei kritischer Betrachtung das Fazit für den Dachshund immer wieder günstig aus.

1.3. Allgemeine Rassekennzeichen

Allgemeinerscheinung: Niedrige, kurzläufige, langgestreckte, aber stramme Gestalt mit derber Muskulatur; mit keck herausfordernder Haltung des Kopfes und klugem Gesichtsausdruck. Trotz der im Verhältnis zum langen Körper kurzen Gliedmaßen weder krüppelhaft plump oder in der Bewegungsfreiheit beschränkt, noch wieselartig schmächtig erscheinend (Abb. 1 und 2).

Kopf: Langgestreckt; von oben und von der Seite gesehen, sich gleichmäßig bis zur Nasenspitze konisch verschmälernd, scharf ausgeprägt, trocken. Oberkopf nur flach gewölbt und allmählich mit geringem Stirnabsatz (je geringer der Absatz, desto typischer) in den fein geformten, leicht gewölbten Nasenrücken übergehend (Ramsnase). Die Augenjochbogen kräftig hervortretend. Nasenknorpel und Nasenkuppe lang und schmal.

Lefzen straff gespannt, den Unterkiefer gut deckend, weder tief, noch rüsselartig spitz, mit leicht angedeutetem Mundwinkel. Nasenlöcher gut offen, der Fang weit dehnbar, bis hinter die Augen gespalten, mit stark entwickeltem Gebiß und Kiefer. Kräftige, genau ineinandergreifende Eckzähne. Die Außenseite der unteren Schneidezähne soll die Innenseite der oberen schrägstehend berühren (Abb. 3). Bei Zangengebiß (Abb. 4) stehen die Schneidekanten beider Schneidezahnreihen genau aufeinander.

Augen: Mittelgroß, oval, seitwärts liegend, mit klarem energischem und doch freundlichem Ausdruck, nicht stechend. Farbe leuchtend dunkelbraun bis schwarzbraun bei allen Haarfarben des Teckels. Glas-, Fisch- oder Perlaugen bei grauen und gefleckten Hunden sind nicht fehlerhaft, aber auch nicht erwünscht.

Behang: Hoch, nicht zu weit vorn angesetzt, reichlich, doch nicht zu lang, schön abgerundet, nicht schmal, spitz oder faltig, beweglich. Mit dem vorderen Saume dicht an der Wange anliegend.

Hals: Genügend lang, muskulös, trocken, keine Kehlwamme zeigend, mit leichter Wölbung im Genick, in schöner Linie zwischen den Schultern verlaufend, frei hoch getragen.

Vorderhand: Anstrengender Tätigkeit unter der Erde entsprechend muskulös, gedrungen, tief, lang und breit.

Schulterblatt — Lang, breit und schräg gestellt, fest auf dem voll entwickelten Brustkorb aufliegend.

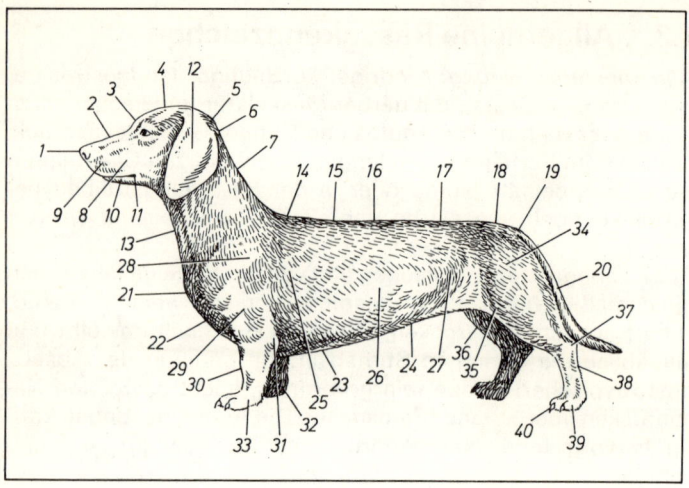

Abb. 1   Körperteile eines Teckels

1 Nasenkuppe, -schwamm	21 Brustbeinspitze
2 Nasenrücken	22 Vorbrust (Vorderbrust)
3 Stirnabsatz (Stop)	23 Unterbrust
4 Oberkopf mit Auge	24 Unterbauch
5 Hinterhauptbeinstachel	25 Seitenbrust
6 Genick	26 Seitliche Bauchwand
7 Nackenpartie	27 Flanke
8 Fangpartie	28 Schulterpartie
9 Oberkiefer	29 Oberarm
10 Unterkiefer	30 Unterarm mit Vordermittelfuß
11 Lefzenwinkel	31 Ellbogen
12 Behang	32 Karbalballen
13 Kehlrand	33 Vorderpfote
14 Widerrist	34 Keule, Oberschenkelpartie
15 Rückendelle	35 Knie, Kniegelenk
16 Eigentlicher Rücken	36 Oberschenkel
17 Lendenpartie	37 Sprunggelenk mit Fersen-
18 Kruppe	höcker
19 Rutenansatz	38 Hintermittelfuß
20 Rute	39 Hinterpfote
	40 Kralle

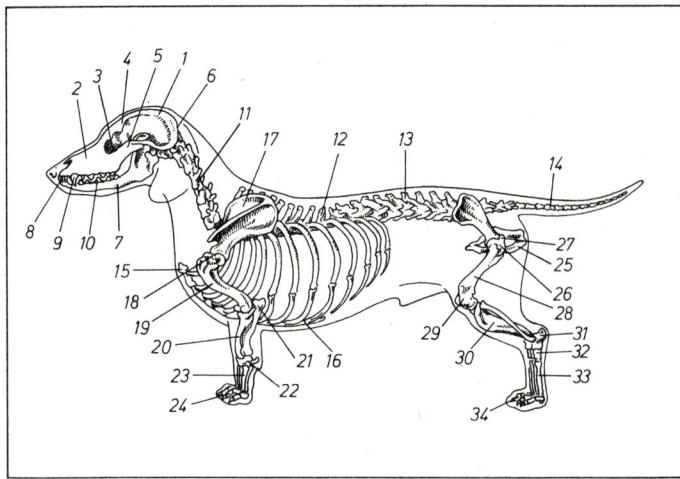

Abb. 2   Skelett eines Teckels

1 Oberschädel
2 Oberkiefer
3 Augenhöhle
4 Überaugenbrauenknochen
5 Jochbein
6 Hinterhauptbein
  (Jagdbein)
7 Unterkiefer
8 Schneidezähne
9 Eck- oder Fangzähne
10 Backenzähne
11 Halswirbel
12 Rückenwirbel
13 Lendenwirbel
14 Schwanzwirbel
15 Brustbein
16 Brustkorb
17 Schulterblatt
18 Schultergelenk
19 Oberarm
20 Unterarm (Elle und Speiche)
21 Ellenbogen
22 Handwurzel (Vorderfußwurzel)
23 Mittelhandknochen (Vordermittelfußknochen)
24 5 Zehen (je aus 3 Gliedern be-
   stehend)
25 Becken
26 Pflannen- oder Beckengelenk
27 Sitzbein
28 Oberschenkel
29 Kniegelenk mit Kniescheibe
   (Wadenbein und Schienbein)
30 Unterschenkel
31 Fersenbein
32 Fußwurzel (Hinterfußwurzel)
33 Mittelfußknochen (Hintermit-
   telfußknochen)
34 4 Zehen (je aus 3 Gliedern be-
   stehend

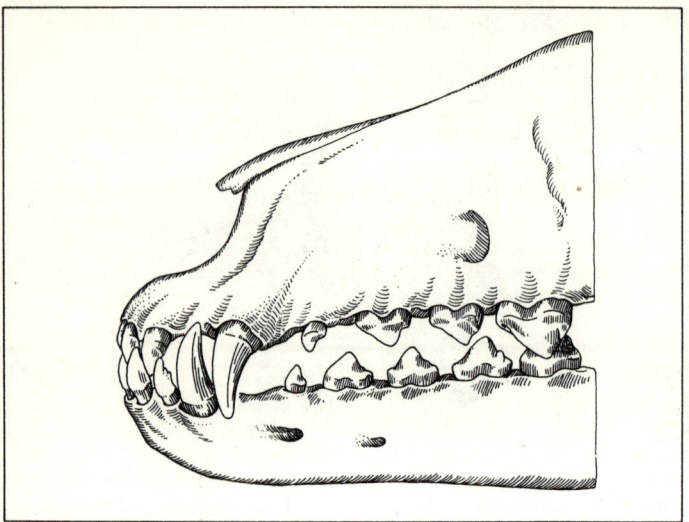

Abb. 3   Scherengebiß

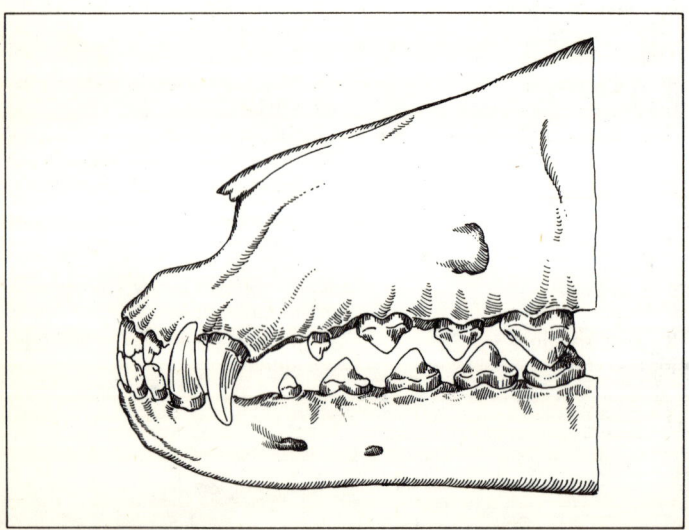

Abb. 4   Zangengebiß

Auch stark gestichelte Hunde gehören hierher und nicht unter die andersfarbenen. Nase und Nägel schwarz. Rot ist auch zulässig, aber nicht erwünscht.

Zweifarbige Teckel — Tiefschwarz oder braun oder grau oder weiß, je mit rostbraunen oder gelben Abzeichen (Brand) über den Augen, an den Seiten des Fanges und der Unterlippe, am inneren Behangrand, an Vorderbrust, den Innen- und Hinterseiten der Läufe, an den Pfoten, um das Weidloch und von da bis etwa ⅓ bis ½ der Unterseite der Rute.

Nase und Nägel schwarz, aber braun ist hier durchaus als gleichwertig anzusehen, bei grauen oder weißen Hunden Nase und Nägel grau, auch wohl fleischfarben, doch ist letzteres nicht erwünscht; bei weißen ist schwarz bevorzugt. Bei einfarbigen und nicht direkt weißen zweifarbigen Teckeln ist weiß keinesfalls erwünscht, jedoch als kleiner, weißer Brustfleck nicht direkt disqualifizierend.

Gefleckte (getigerte, gestromte) Teckel — Die Haarfarbe ist bei Tigerteckeln ein heller bräunlicher, grauer bis sogar weißer Grund mit dunklen unregelmäßigen Flecken (große Platten nicht erwünscht) von dunkelgrauer, brauner, rotgelber oder schwarzer Farbe. Erwünscht ist, daß weder die helle noch die dunkle Farbe vorherrscht. Die des Gestromten ist rot oder gelb mit dunklerer Stromung. Nase und Nägel wie bei den Ein- und Zweifarbigen.

Andersfarbige Teckel — Alle vorher nicht erwähnten Farben.

Abb. 8 Kurzhaarteckel

24

Fehler: Schwarze Farbe ohne Brand, ebenso weiße ohne jeden Brand sind unzulässig. Zu stark verbreiteter Brand ist unerwünscht.

1.5. Rauhhaarteckel

Allgemeine Erscheinung ist die des kurzhaarigen Teckels (Abb. 9).

Behaarung: Mit Ausnahme von Fang, Augenbrauen und Behang am ganzen Körper vollkommen ausgeglichene, mit Unterwolle durchsetzte, anliegende, kurze, dichtrauhe (drahtigharte) Jacke, die derjenigen des deutschdrahthaarigen Vorstehhundes ähnelt.

Am Fang bildet sich ein Bart. Die Augenbrauen sind buschig. Am Behang ist die Behaarung kürzer als am Körper, fast glatt, jedoch immerhin der übrigen Behaarung angepaßt.

Rute derb, aber möglichst anliegend behaart, verjüngt auslaufend, ohne Büschel. Die Gesamtbehaarung muß so wirken, daß der rauhhaarige Teckel aus der Ferne gesehen, einem Kurzhaarigen gleicht (Abb. 10).

Fehlerhaft ist bei der Behaarung weiches Haar überhaupt, ob kurz oder lang oder an irgendeiner Stelle des Körpers; ferner langes, nach allen Richtungen vom Körper abstehendes, gelocktes oder welliges Haar, langes weiches Haar am Hinterkopf (Schopf) (Abb. 11), außerdem Fahnenrute, fehlende Unterwolle.

Abb. 9   Rauhhaarteckel

Abb. 10   Erwünschte Behaarung beim Rauhhaarteckel

Abb. 11   Unerwünschte Behaarung beim Rauhhaarteckel als Erbe des Dandie-Dinmont-Terriers

Haarfarbe, Nase und Nägel: Alle Farben sind zulässig. Weiße Abzeichen an der Brust sind erlaubt, aber nicht erwünscht. Bei braunen Teckeln braune Nase nicht disqualifizierend.

1.6. Langhaarteckel

Unterscheidendes Merkmal gegen den kurzhaarigen Teckel ist allein die längere, seidenartige Behaarung (Abb. 12).

Abb. 12   Langhaarteckel

Abb. 13   Erwünschte Behaarung beim Langhaarteckel

Behaarung: Das weiche, schlichte, glänzende Haar verlängert sich unter dem Halse, der ganzen Unterseite des Körpers, namentlich aber am Behange und an der Hinterseite der Läufe zu einer hervorragenden Feder und erreicht seine größte Länge an der Unterseite der Rute; die Behaarung soll am unteren Rande des Behanges überfallen. Kurze Behaarung an dieser Stelle, sogenanntes Lederende, ist fehlerhaft. Zu reichliche Behaarung

Abb. 14 Unerwünschte Behaarung beim Langhaarteckel

läßt den langhaarigen Teckel zu plump erscheinen und ver-
schleiert den Typ. Die Behaarung soll an die des Irish-Setters
erinnern und den Hund elegant erscheinen lassen. Zu reichliche
Behaarung der Pfoten (sogenannte Flosse) ist unschön und
zum Gebrauch untauglich.
Rute: In schöner Verlängerung der Rückenlinie getragen, erreicht an ihr die Behaarung des Körpers die größte Länge und
bildet eine vollständige Fahne (Abb. 13).
Fehlerhaft ist überladene, d. h. am ganzen Körper gleichmäßig
lange Behaarung, zu stark gerolltes bzw. gewelltes Haar, das
Fehlen der Fahnenrute oder das Überhängen des Haares am
Behang, stark gescheiteltes Haar auf dem Rücken, zu lange Be-
haarung zwischen den Zehen der Pfoten (Abb. 14).
Haarfarbe, Nase und Nägel wie bei den Kurzhaarigen.

1.7. Zwerg- und Kaninchenteckel

Zwergteckelrüden dürfen im ausgewachsenen Alter eine
Masse bis zu 4 kg, Zwergteckelhündinnen bis zu 3,5 kg haben.
Der Brustumfang darf 35 cm nicht überschreiten. Kaninchen-
teckel dürfen bis zu 3,5 kg schwer sein und bis zu 30 cm Brust-
umfang haben (Abb. 15).
Zwerg- und Kaninchenteckel kommen in allen Haararten —
Kurzhaar, Rauhhaar und Langhaar — vor.

Abb. 15   Kaninchenteckel

1.8.   Jagdliches Brauchtum um den Teckel

„Jagen ohne Hund ist Schund!" Historisch gewachsen, aus ste-
tem Erleben unverfälschter Natur, glühender Passion, tiefer
Liebe zu Wild und Hund, im echten Bunde von Waidgenossen
entstanden Verhaltensnormen, jagdliche Bräuche. Sie verkör-
pern Ethik und Ästhetik des Waidwerks, erfüllen aber auch
viele jagdpraktische Funktionen. Aus fester, innerer Überzeu-
gung pflegt der gerechte Jäger dieses Brauchtum — auch im
fernsten, wildesten Winkel des Reviers, wo niemand zuschaut!
Zahllose Bräuche weben sich um den vierbeinigen Gefährten
des Jägers. Man führt zur Jagd nur den leistungsgeprüften
Rassehund und keinen „Fixköter", auch wenn dieser angeblich
noch so großes „Naturtalent" zeigt.
Brauchgemäß läuft der Hund am kurzen Riemen an der linken
Seite seines Herrn. Der Kopf des Hundes muß dabei mit den
Beinen seines Führers eine Linie bilden. Der Hund darf weder
vorprellen noch zurückbleiben. Geht der Jäger durch Dickicht,
so muß der angeleinte Hund so folgen, daß er sich mit der Führerleine nicht verfangen kann und seinen Herrn beim Gehen
nicht behindert. Nur beim Radfahren wird der Hund auf der
rechten Seite geführt. Bei der Schweißarbeit läuft der Hund am
Schweißriemen vor seinem Herrn. Der abgelegte Hund muß
auf der Stelle bleiben, bis er abgeholt oder abgerufen wird und

darf weder Winseln noch Laut geben. In jeder Situation muß der waidgerecht geführte Hund seinem Herrn auf den kleinsten Wink bzw. leisesten Zuruf sofort gehorchen.

Bei der Gesellschaftsjagd im Walde muß der Hund links neben seinem Herrn sitzen oder liegen, dabei darf er weder durch den Lärm der Jagdhelfer noch durch Wild oder Schüsse unruhig werden. Geschnallt werden darf der Hund bei der Waldjagd nur dann, wenn er auf Weisung des Jagdleiters eine bestimmte Arbeit auszuführen hat. Zur Wasserarbeit wird dem Hund grundsätzlich die Halsung abgenommen. Bei der Erdjagd entfernt man die Halsung, bevor der Hund in die Röhre einschlieft. Es ist ferner üblich, die Halsung abzunehmen, wenn der vierläufige Jagdgefährte im Walde angeschweißtes Schalenwild zu Stande hetzen soll. Schließlich empfiehlt es sich, bei Treibjagden im Walde ebenfalls die Halsung zu entfernen.

Besonders umfangreich ist das jagdliche Brauchtum um den Hund bei Nachsuche und Schweißarbeit (vgl. Abschnitte 4. 3. 7. und 5. 1.).

Stets sollte der Hundeführer ein Jagdhorn mitführen und des Jagdhornblasens mächtig sein. Mit dem Signal „Hunderuf" werden die vierläufigen Jagdgefährten zusammengerufen. Das auf der Nachsuche durch den Hund gefundene Stück wird mit dem entsprechenden Totsignal waidgerecht verblasen.

Vor Beginn von Hundeprüfungen sollte am Treffpunkt das Signal „Begrüßung" und vor der Abfahrt zu den Prüfungsorten das Signal „Aufbruch zur Jagd" geblasen werden. Das bei der Schweißprüfung erfolgreich gefundene Stück wird mit dem Totsignal verblasen. Zuvor überreicht der Leistungsrichter dem Hundeführer den Bruch. Der Hundeführer bricht davon einen Zweig ab und befestigt ihn an der Halsung seines Hundes. Den restlichen Bruch steckt er sich an den Hut. Ferner sind auf Hundeprüfungen die Signale „Sammeln" und „Zum Essen" sowie auch „Hegeruf" und „Antwort", zur wechselseitigen Verständigung von zwei Jägern über ihren Standort, üblich.

Nachfolgend sollen noch die wichtigsten Ausdrücke der Waidmannssprache um den Hund (in alphabetischer Reihenfolge) kurz definiert werden. Zur vollständigen Information des Lesers wurden dabei auch solche Begriffe aufgenommen, die keine anderslautende waidmännische Bezeichnung haben:

Ausdruck der Waidmannssprache	Erläuterungen
Abtragen	Abnehmen des Hundes von einer gerechten Fährte, die er nicht weiter verfolgen soll
Abwürgen	Töten kleineren Wildes durch den Hund mittels Halsbiß
Abziehen	Den Hund von der falschen Fährte am Schweißriemen wegziehen. Beim Teckel ist im allgemeinen nur das Abtragen (siehe dort) üblich.
Anäugen	Anblicken
Annehmen	Angreifen von Mensch oder Hund; auch Annehmen von Futter
Anschneiden	Anfressen des Wildes
Appell	Gehorsam des Hundes
Apportieren	Bringen von Wild oder Gegenständen
Aufstehen	Aufstehen, Aufspringen vom Boden oder Lager
Augen	Augen
Äugen	Sehen
Baden, sich frischen	Baden
Bart	borstige Haare an den Lefzen rauhhaariger Jagdhunde
baulaut	unerwünschtes Lautgeben des Hundes im Bau, ohne eine Bindung zum Raubwild zu haben
Behänge	Ohren
Belegen, Decken	Begatten
bogenrein	ein Hund, der nicht über das Treiben hinausjagt
Changieren	Überwechseln des Hundes von der Schweißfährte auf eine Gesundfährte
Einschliefen	Einschlüpfen des Erdhundes in den Bau
Eräugen	Erblicken
Fahne	Haarbehang der Rute
Fänge	Eckzähne
Fang	Maul
Fassen	Fangen der Beute
Fell, Decke, Jacke	Haut
Fett	Fett
fett	fett sein
Feuchtblase	Harnblase
Feuchtglied	männliches Geschlechtsteil
firm	ein Hund, der gute Gesamtleistungen zeigt
Flanken	Seiten
Fleisch	Fleisch

Ausdruck der Waidmannssprache	Erläuterungen
Fressen	Fressen
Futter, Fraß	Nahrung
Gehen	Gehen
Genossenmachen	Belohnen des Hundes für gute Arbeit (Schweißarbeit) durch Schweiß oder Teile des Wildaufbruches
Gesäuge	Milchdrüsen, Euter
Gescheide	Gedärme
Geschröte	Hoden in der Haut
gute (schlechte) Nase =	guter (schlechter) Geruchssinn
Haare, Behaarung	Haare
Hals	Hals
Hetzen	Verfolgen angeschweißten Wildes durch den Hund zum Stellen oder Abwürgen
handscheu	durch Abrichtungsfehler gegen Berührung mit der Hand scheu gewordener Hund
Hären	Haarwechsel
Hetzlaut	hoch klingendes Lautgeben des Hundes beim Verfolgen von Wild
Keule	Oberschenkel des Hinterlaufes
Hoden	Hoden (ohne Haut)
Hündin	weibliches Tier
Kehle	Kehle
Kehlkopf	Kehlkopf
Klauen, Nägel	Klauen
Knautschen	Wild so fassen, daß es entwertet wird
Kopf	Kopf
krank sein	krank sein
Lager	Lager
Läufe	Beine
Laufen, flüchtig sein =	Fliehen, flüchtig sein
Laufzeit, Hitze	Begattungszeit
lauthals jagen	Verfolgen von Wild durch den Hund unter lautem Bellen
Laut oder Hals geben, Heulen, Winseln, Knurren	Lautäußerungen
Lefzen	Lippen
Liegen	Liegen
Lösen	Kot abscheiden
Losung	Kot
Luftröhre	Luftröhre
Magen	Magen
Nachprellen	dem Wilde nachspringen

Ausdruck der Waidmannssprache	Erläuterungen
Nase	Nase
Nässen, Feuchten	Harn lassen
Niederziehen	Zubodenziehen von Schalenwild durch den Hund unter Drosselgriff
Pfoten	Füße
Revieren	auf eigene Faust im Revier jagen durch den Hund
Rippen	Rippen
Rüde	männliches Tier
Rute	Schwanz
Scharren, Graben	den Boden aufwühlen
schlechte Kondition	mager
Schlund	Speiseröhre
Schnalle, Nuß	weibliches Geschlechtsteil
Schnallen	die Leine vom Hund abnehmen
schön	schön
Schonen	Lahmen
Schöpfen	Saufen
schwach	schwach
Schweißen, Faschen	Bluten
Schweiß, Fasch	Blut
Schwimmen	Schwimmen
Schulter	Oberschenkel des Vorderlaufes
schußhitzig	dem Wilde nach dem Schuß nachspringen
schußscheu	Furcht des Hundes beim Schuß
sich abstehlen	fortschleichen
sich lagern	sich legen
sichtlaut	Ein Hund, der Wild lauthals verfolgt, das er äugen kann.
Sprengen	Fuchs oder Dachs durch den Erdhund aus dem Bau treiben
Springen	Springen
Sprung	Sprung
Spur	Trittbildfolge
spurlaut	einer Wildspur lauthals folgender Hund, Fährten = fährtenlaut
Standlaut	Volles, tiefes, glockenklares Lautgeben des Hundes an gestelltem oder verendetem Wild
Streunen	Unbeaufsichtigtes Jagen bzw. Wildern von Hunden im Revier
Totengräber	Unerwünschte Eigenschaft eines Hundes, gefundenes Wild nicht zu apportieren, sondern an Ort und Stelle zu vergraben

Ausdruck der Waidmannssprache	Erläuterungen
trächtig sein	trächtig sein
Tracht, Tragsack	Gebärmutter
Tritt, Trittsiegel	Fußtapfe
Verenden (durch Krankheit oder Schwäche = Eingehen)	Sterben
Vernehmen	Hören
Wahrnehmen	Bemerken durch Sehen, Hören und Riechen
Wamme	lockere Haut am unteren Teil des Halses
Weiddarm	Mastdarm
weidlaut	unerwünschtes Lautgeben eines Hundes, ohne eine Spur gefunden zu haben
Weidloch	After
Werfen	Gebären
Wittern, Winden, Wind bekommen	Riechen
Wurf, Welpen	Junge
Zehen	Zehen
Zunge	Zunge

2. Hundekauf

Über jeden Hundekauf sollte zwischen Käufer und Verkäufer ein Vertrag abgeschlossen werden. Wer die Möglichkeit hat, einen Junghund abzurichten, sollte sich einen Welpen kaufen. Ansonsten ist der Kauf eines fertig abgerichteten Hundes zu empfehlen. Welpen sollten möglichst erst im Alter von über 10 Wochen erworben werden, ein längeres Zusammenbleiben mit der Mutterhündin fördert die Entwicklung und Widerstandsfähigkeit (Abb. 16).

Abb. 16   Rauhhaarteckelwelpen vor dem Absetzen
Für welchen soll man sich entscheiden? (Foto: Schwark)

Vor dem Kauf eines Welpen sollte man sich unbedingt genau über die Elterntiere und deren jagdliche Leistungen (erworbene Leistungszeichen sowie Benotung) informieren. Ferner achte man bei der Auswahl des Welpen aus einem Wurf auf Form und Haar. Dabei ist allerdings zu berücksichtigen, daß die Form sich später noch ändern kann. Insbesondere Überbau, weiche Schultern und Mängel an den Läufen, werden oft erst beim späteren Wachstum sichtbar. Sorgfältig muß geprüft werden, daß der Welpe ein Scheren- oder Zangengebiß hat. Tiere mit Vor- oder Rückbiß sind zuchtuntauglich. Auch spätere gute jagdliche Leistung kann daran nichts ändern. Die Gebißuntersuchung beim Welpen ist im allgemeinen zuverlässig, da sich aus einem korrekten Milchgebiß nur äußerst selten ein fehlerhaftes Dauergebiß entwickelt. Sorgfältig prüfe man ferner das Vorhandensein beider Hoden beim Rüden.

Die Nase der Welpen eines Wurfes kann man annähernd testen, indem man z. B. mit einem frischen Hasenbalg eine Schleppe macht. Ob der dieser zuerst und am besten folgende Welpe später wirklich eine ausgezeichnete Nase haben wird, ist jedoch nicht absolut sicher.

Beim Kauf eines abgerichteten Hundes ist folgendes zu beachten:

— Der Hund sollte nur aus einwandfreier Leistungszucht stammen und möglichst alle Leistungszeichen mit gutem Ergebnis abgelegt haben.

— Man sollte sich vor den jagdpraktischen Leistungen des Hundes unter Teilnahme des bisherigen Besitzers im Revier überzeugen.

— Der Hund muß völlig gesund sein.

— Man sollte sich mit der bisherigen Haltung des Hundes — Zwinger- oder Stubenhaltung, Futterzeiten, Futterzusammensetzung, Art der Pflege usw. — genau vertraut machen.

— Man informiere sich gründlich über die Form der Abrichtung und die bisherige Art der Führung, insbesondere die angewendeten Hör- und Sichtzeichen.

3. Haltung

3.1. Zwingerhaltung und Stubenhaltung

Wenn es die Umstände gestatten, sollte man seinen Teckel auch als Junghund im Zwinger halten. Der Hund wird abgehärtet und ist viel im Freien, was sich förderlich auf seinen Gesundheitszustand, insbesondere die Fellentwicklung, auswirkt. Hat man einmal für den Hund keine Zeit, so ist dieser trotzdem gut aufgehoben. Ansonsten kann es passieren, daß er sich Unarten angewöhnt, von den Nachbarn füttern läßt, auf die Straße läuft und womöglich ein Opfer des Straßenverkehrs wird.

Trotz Zwingerhaltung sollte man seinem Hund regelmäßig auch außerhalb des Zwingers Bewegung verschaffen und ihn täglich stundenweise in die Wohnung nehmen. Hier muß er sein festes Lager haben. Dies fördert die Bindung zum Herrn und erleichtert das Abrichten. Hieraus resultiert, daß eine kombinierte Zwinger-Stubenhaltung am besten ist.

Der Zwinger soll weitestgehend windgeschützt liegen und sowohl Sonne als auch Schatten bieten. Notfalls müssen eine Schattenwand bzw. ein Schattendach geschaffen werden. Es ist ferner günstig, wenn man die Zwingeranlage von der Wohnung aus einsehen kann.

Die Mindestgröße des Zwingers sollte 3 m × 2 m betragen. Bei beschränktem Platz ist die Rechteckform günstiger als die Quadratform. Zur besseren Abnutzung der Krallen des Hundes sowie um das Säubern des Zwingers zu erleichtern, empfiehlt es sich, einen Teil des Zwingerbodens zu betonieren.

Zur Einzäunung verwende man stabilen Maschendraht (maximal 6 cm Maschenweite, verzinkt). Um ein Unterwühlen zu verhindern, muß dieser mindestens 50 cm in den Boden eingelassen werden, oder es ist ein entsprechendes Fundament zu schaffen. Der Maschendraht sollte 2 m hoch sein, auch um ein Überspringen von außen durch andere, hochläufigere Hunde zu vermeiden. Sicherer ist es, den Zwinger auch nach oben hin mit Maschendraht zu überspannen. Wenn die Hündin läufig ist, überwinden hergelaufene Straßenköter selbst die höchsten Hürden. Nur durch einen allseitig geschlossenen Zwinger kann man sich vor solchen unangenehmen Überraschungen schützen. Um das Eindringen von Ungeziefer zu verhindern, sollte man ferner den Maschendraht unten bis zu etwa 80 cm Höhe zusätzlich mit engmaschigem, gleichfalls verzinktem, Geflecht (1,5 cm Maschenweite) überspannen. Die Hütte (Abb. 17, 18) muß so gebaut sein, daß sie den Hund zuverlässig vor Nässe, Kälte, Wind und insbesondere Zugluft schützt. Sie besteht aus dem überdachten Schlafraum mit seitlich angeordnetem Schlupfloch sowie einem vorgebauten, gleichfalls überdachten, nur nach einer Seite offenen Liegeraum. Den Schlafraum lege man so groß an, daß sich der Hund darin bequem langlegen und umdrehen kann. Größer darf er aber auch nicht sein, da ihn der Hund im Winter sonst nicht genügend erwärmen kann. Für einen Teckel sollte der Schlafraum etwa 70 cm lang, 50 cm breit und 50 cm hoch sein. Die gleichen Maße sind für den Liegeraum zu empfehlen.

Um absolut zugluftsicher zu sein, werden alle Wände der Hütte und des Liegeraumes aus 2,5 cm starkem, mit Nut und Feder versehenen, Brettern sorgfältig zusammengefügt. Stets ist nur gut ausgetrocknetes Holz zu verarbeiten, da sonst durch nachträgliches Trocknen Ritzen entstehen können. Auch ist es möglich, die Hütte doppelwandig mit einer Zwischenlage aus wärmedämmendem Material zu errichten.

Das Dach wird am besten als Pultdach oder flaches Satteldach ausgeführt. Zum besseren Reinigen der Hütte muß es aufklappbar oder abnehmbar sein. Hierzu ist es ferner günstig, wenn außerdem noch eine Seitenwand herausgenommen oder heruntergeklappt werden kann. Trotzdem muß die Hütte dadurch absolut zugluftsicher bleiben. Das Dach, aber auch die Seitenwände der Hütte, werden wetterfest mit Dachpappe beschlagen.

Der Zwinger muß auf mindestens 15 cm hohen Füßen stehen. Dies ist nötig, damit die Luft unten hindurchstreichen und keine Bodenfeuchtigkeit eindringen kann. In winterlichen Kälteperioden wird die einzige, offene Seite des Liegeraumes mit einer einsetzbaren Wand, die nur ein seitlich angeordnetes Schlupf-

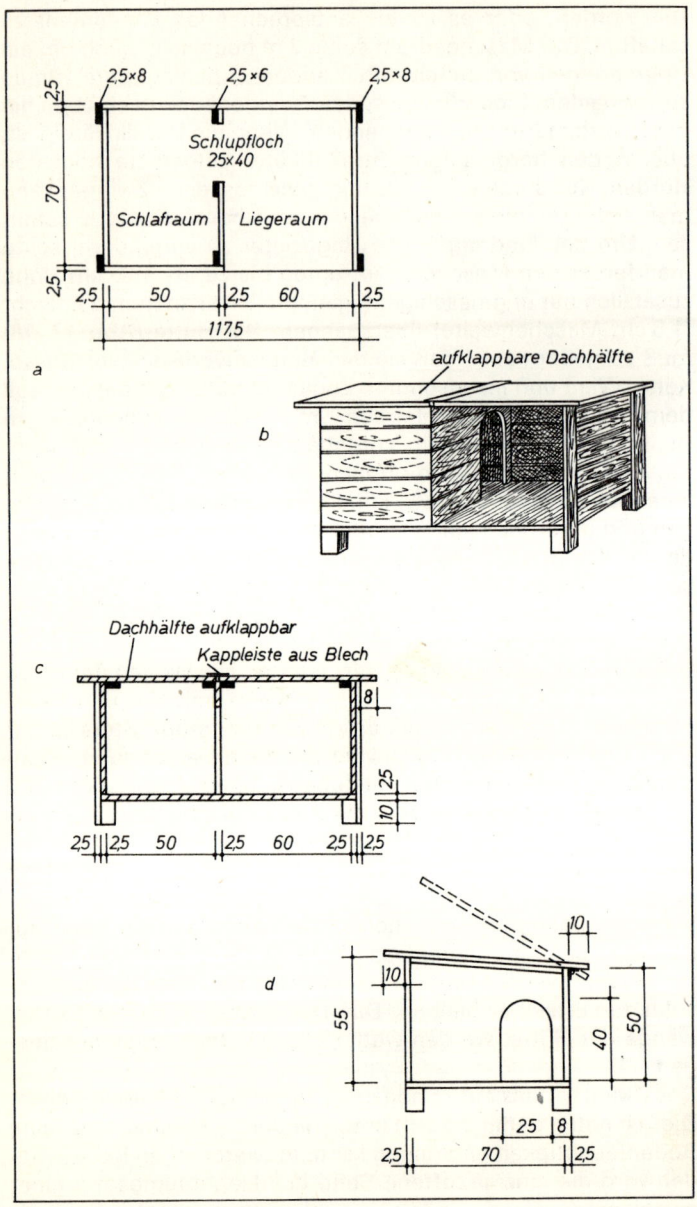

a

2,5×8   2,5×6   2,5×8

Schlupfloch
25×40

Schlafraum | Liegeraum

70
2,5
2,5

2,5 | 50 | 2,5 | 60 | 2,5
117,5

b

aufklappbare Dachhälfte

c

Dachhälfte aufklappbar
Kappleiste aus Blech

8
25
10

25 | 25 | 50 | 25 | 60 | 25 | 25

d

10
10
55
40
50

25 | 8
2,5 | 70 | 2,5

loch enthält, geschlossen. Das häufig empfohlene Zuhängen des Schlupfloches mit einem Stoffvorhang ist zwecklos. Selbst Welpen werden diesen bald durchlöchern und herunterreißen. Selbstverständlich werden alle Holzteile der Hütte mit einem ungiftigen Holzschutzmittel behandelt.

Da jeder Hund gern hochliegt, wird der Liegeraum noch mit einer hölzernen Liegepritsche ausgestattet. Diese sollte 25 cm hoch, 55 cm lang und 30 cm breit sein. Zum besseren Ablaufen des Regenwassers sowie schnellerem Trocknen, ist die Liegefläche leicht nach Süden geneigt anzubringen. Der Hund hat hier stets einen trockenen Liegeplatz, auch wenn der umliegende Boden noch feucht ist. Bei heißem Wetter wiederum bietet sich ihm unter der Pritsche ein kühler Schattenplatz. Zuweilen wird auch das Pultdach der Hütte dem Hund als Liegeplatz dienen.

Als Lager des Hundes sollte man nicht Stroh oder anderes Material, sondern stets luftgetrocknetes Farnkraut verwenden. Dieses hält Ungeziefer fern und auch den Hund davon frei. Seitdem ich als Einstreu ständig Farnkraut verwende, haben meine Hunde bis auf wenige unterwegs aufgelesene Parasiten nie mehr Flöhe, Haarlinge und Läuse gehabt!

Nur bei Junghunden ist es zweckmäßig, das Lager zusätzlich mit einer kleinen Decke oder einem Scheuertuch auszustatten. Dies ist vor allem zum Eingewöhnen notwendig, wenn die Welpen in ihrem bisherigen Zwinger auf Decken geschlafen haben.

Die Hütte und der Zwinger sind mindestens alle zehn Tage zu reinigen. Dabei ist im allgemeinen auch die Einstreu zu wech-

Abb. 17 Zwingeranlage für einen Teckel (Grundriß und Schnitt), Materialbedarf:

5 St.	Stahlrohre NW 100 mm, l = 2 600 mm
5,50 lfdm.	Stahlrohre NW 65 mm
13,0 lfdm.	verzinkter Maschendraht 50/50/3 mm, 2 000 mm hoch
10,0 lfdm.	verzinkter Maschendraht 15/15/1 mm, 800 mm hoch
5,0 kg	Spanndraht bis 5 mm Dicke
300,0 g	Bindedraht
	8 Sack Zement (à 50 kg)
3 m^3	Kiessand
1 kg	Korrosionsschutzmittel (Stahlpfosten)
1 St.	hölzerne Liegepritsche 55 × 30 cm

Bemerkung: Statt der Stahlrohre können auch Betonpfosten bei gleicher Länge verwendet werden.

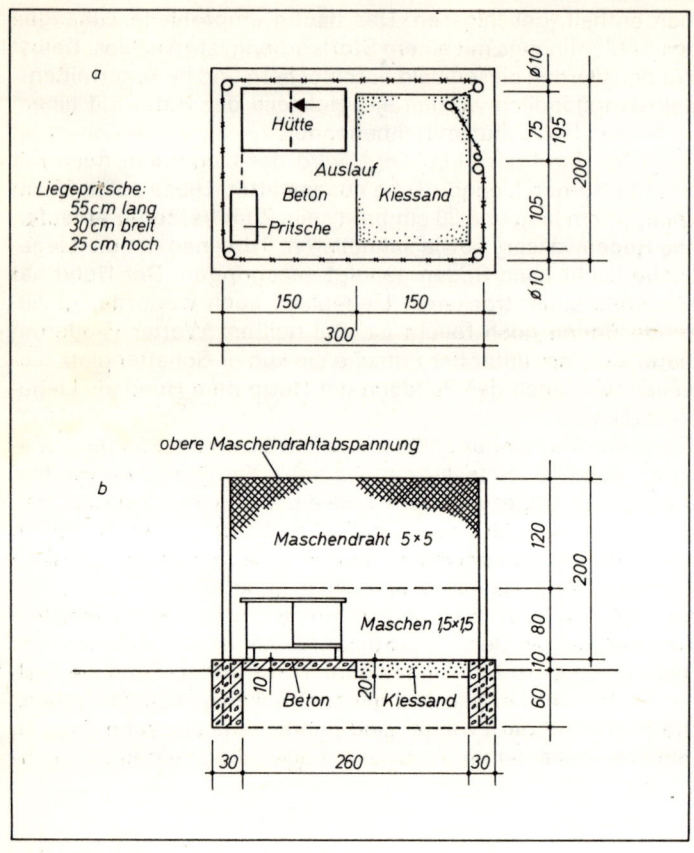

Abb. 18 Hütte für einen Teckel (Draufsicht, Längsschnitt), Materialbedarf:

4,0 m²	gehobelte und gespundete Bretter 2,5 cm dick
4 St.	Leisten 8 × 2,5, 70 cm lang
7 St.	Leisten 6 × 2,5, 70 cm lang
4 St.	Klötze 10 × 6 × 6 cm(Füße)
6 m²	Dachpappe 500 g
1 St.	Kappleiste aus verzinktem Blech 50 × 1,2 × 900 mm
2 St.	Scharniere mit passenden Holzschrauben
1 St.	Verriegelung
400 g	Nägel 60 mm
150 g	Pappnägel
600 g	Imprägniermittel für Holzschutz

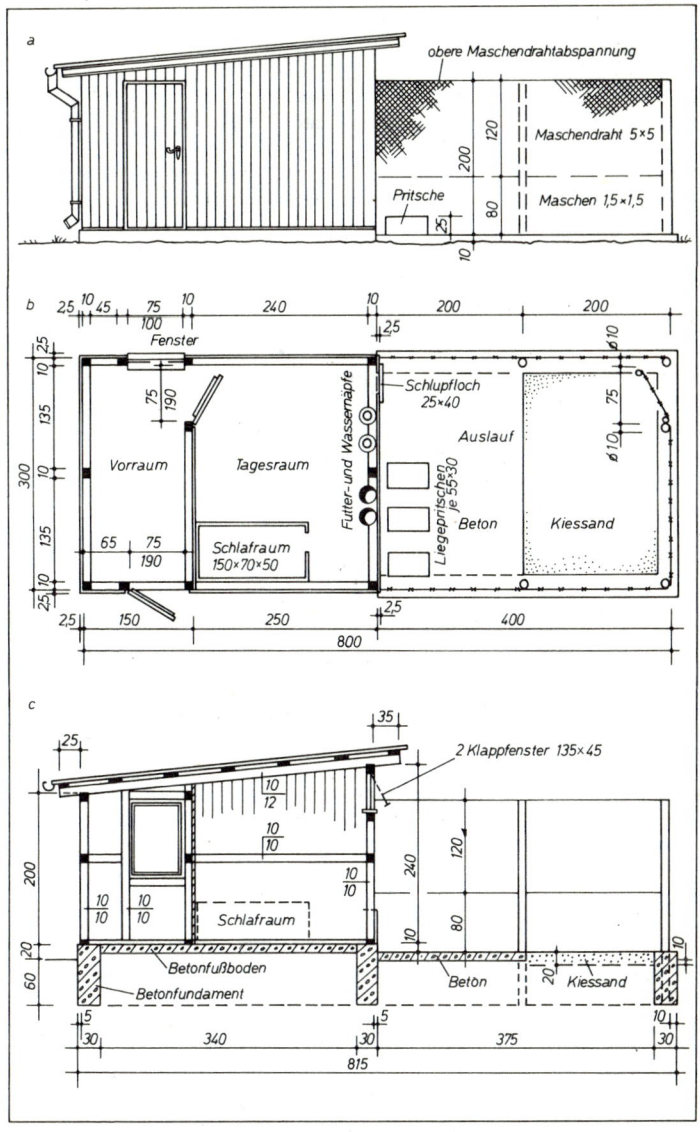

Abb. 19   Zwingeranlage für mehrere Teckel (Ansicht, Grundriß, Schnitt), Materialbedarf (s. Seite 42):

Hundehaus

Kantholz 10/10 cm 2 St.	Rähme 3,20 m lg
Kantholz 11 St.	Stiele 2,40 m lg
Kantholz 2 St.	Riegel 2,60 m lg
Kantholz 4 St.	Riegel 1,50 m lg
Kantholz 5 St.	Riegel 0,90 m lg
Kantholz 10/12 cm 5 St.	Sparren 4,80 m lg
Kantholz 6/10 cm 2 St.	Schellen 4,20 m lg
Kantholz 2 St.	Schwellen 3,20 m lg
45 m^2	gehobelte und gespundete Bretter 2,5 cm dick, bei 2,40 m Bretterlänge
1 St.	Außentür 75/190 cm
1 St.	Innentür 75/190 cm
1 St.	einfaches Kipp-Drehflügelfenster 75/100 cm
2 St.	einfache Klappfenster 135/45 cm
70 lfdm.	Deck- und Verkleidungsleisten 5/1,5 cm
8 St.	Wellasbestplatten 2,50 × 92 cm, Profil 5
3,50 m	Regenrinne und Rinneisen NG 130
2,00 m	Regenabfallrohr NW 100 mm
4,0 kg	Nägel 65 mm
1,0 kg	Nägel 90 mm
0,5 kg	Nägel 120 mm
0,5 kg	Pappnägel
10 m^2	Dachpappe 500 g
8 kg	Imprägniermittel für Holzschutz
	18 Sack Zement (à 50 kg)
7 m^3	Kiessand
Bemerkung:	Statt des Kantholzes läßt sich auch Rundholz verwenden

Schlafraum

6,0 m^2	gehobelte und gespundete Bretter, 2,5 cm dick (ansonsten individuell nach dem Prinzip für 1 Teckel)

Zwinger

5 St.	Stahlrohre NW 100 mm, l = 2600 mm
5,5 lfdm.	Stahlrohre NW 65 mm
17 lfdm.	verzinkter Maschendraht 50/50/3 mm, 2000 mm hoch
11 lfdm.	verzinkter Maschendraht 15/15/1 mm, 800 mm hoch
7,0 kg	Spanndraht bis 5 mm Dicke
500 g	Bindedraht
	12 Sack Zement (à 50 kg)
5 m^3	Kiessand
1 kg	Korrosionsschutzmittel (Stahlpfosten)
3 St.	hölzerne Liegepritschen 55 cm × 30 cm
Bemerkung:	Statt der Stahlrohre können auch Betonpfosten bei gleicher Länge verwendet werden.

seln. Zur Ausstattung des Zwingers gehören ferner eine täglich mit frischem Wasser zu füllende Wasserschüssel sowie eine Futterschüssel.

Für die Haltung mehrerer Hunde sowie zur Teckelzucht ist eine größere Zwingeranlage bzw. ein Hundehaus notwendig. Eine derartige Zwingeranlage kann nach der Abbildung 19 sowie der folgenden Materialaufstellung errichtet werden.

Zur Stubenhaltung muß der Hund in der Wohnung an einen bestimmten Platz gewöhnt werden. Dieser darf nicht in der Nähe von Heizkörpern liegen. Ferner muß er so gewählt werden, daß der Hund hier niemand belästigt und selbst auch nicht gestört wird. Man stellt hierzu einen Hundekorb bzw. eine flache Kiste (Einstiegöffnung 10 cm über dem Boden) auf, die innen mit Stoffdecken oder auch einer Wilddecke bzw. Sauschwarte ausgestattet werden.

Zum Gewöhnen des jungen Hundes an das Lager, wird er sofort beim Einweisen an eine leichte, kurze Kette gelegt. Diese wird entfernt, wenn dem Hund das Lager vertraut geworden ist.

Wie zur Ruhe, so muß man den Hund auch für die Fütterung an einen bestimmten Platz gewöhnen. Hier stehen ferner der Futternapf sowie die ständig gefüllte Wasserschüssel. Falsch ist es, den Hund direkt auf dem Fußboden (nur mit untergelegter Decke/Schwarte) schlafen zu lassen. Er kann sich dadurch, besonders in fußkalten Räumen, Erkrankungen zuziehen.

3.2. Fütterung

Zum Erhalten von Gesundheit und Leistungsfähigkeit unseres Hundes muß sich sein Futter vor allem aus rohem Fleisch, rohen Knochen, rohem Fisch und gelegentlich rohen Eiern (mit zerstampfter Schale) zusammensetzen. Als Beifutter sind rohe Haferflocken und rohes Haferschrot sowie andere Getreideschrote, auch mit Milch übergossen, Vollkornbrot und Schwarzbrot, ferner Hundekuchen, rohe Mohrrüben und rohes Obst zu verwenden. Auch gekochter Reis kann zugefüttert werden. Im Handel sind auch gute Fertigfuttersorten (Alleinfutter) erhältlich. Sofern man genügend Schlachtabfälle kaufen kann, ist aber natürliche Fütterung vorzuziehen. Stets ist es jedoch zweckmäßig, Hunde auch an Fertigfutter zu gewöhnen, um seinen Gefährten auf Reisen, bei Jagdhundeprüfungen usw. damit ohne Schwierigkeiten ernähren zu können.

Rohes mageres Fleisch von Rind, Pferd und Wild ist — einschließlich der Innereien — besonders geeignet. Nur Lunge und

Leber (von Schalenwild, Rind, Schwein, Ziege und Schaf) sollte man ausschließlich abgekocht verfüttern, um eine mögliche Übertragung des zwar sehr seltenen, aber auch dem Menschen gefährlichen dreigliedrigen Bandwurmes auf den Hund zu vermeiden.

Da der Hund von Natur Aasfresser ist, sollte er gelegentlich auch Fleisch mit einem gewissen „Hautgout" erhalten. Der zu „sauber" ernährte Hund wird leicht zum Kotfresser oder verbuddelt auch Knochen und Fleisch an bestimmter Stelle, um sie herauszuholen, wenn sie den „richtigen Duft" haben. Der möglichst ungewaschene Kuhmagen oder Wildpansen gehört deshalb zu den wertvollsten Futterstoffen. Man sollte demzufolge keinen Pansen von Schalenwild mehr im Revier verderben lassen, sondern ihn aufschärfen, ausschütten und als Hundefutter mit nach Hause nehmen.

Zur Lagerung des Magens bzw. Pansens läßt man diesen einfach auf einer Wäscheleine trocknen. Zuvor schneidet man alle talgigen sowie fleischigen Wülste heraus, um sie zuerst zu verfüttern. Den steinhart gewordenen Pansen kann man dann an einem trockenen Ort lagern. Vor dem Verfüttern wird ein benötigtes Pansenstück eingeweicht und zerschnitten.

Konfekt, Zucker, Kekse oder dergleichen sollte man nicht verfüttern. In großen Mengen sind sie gesundheitsschädlich, kleine Gaben führen dazu, daß unser Teckel dick wird.

Folgende Futterstoffe sollten grundsätzlich nicht verwendet werden:

— gewürzte Speisen, vor allem Gasthausabfälle;
— scharfe und spröde Röhrenknochen, insbesondere Geflügelknochen;
— in der Brühe sauer gewordenes Fleisch sowie alle verdorbenen Lebensmittel und Suppen;
— blähende Gemüsesorten (Kohl und Hülsenfrüchte) auch Kartoffeln, da sie die Verdauungsorgane zu stark belasten.

Das Futter sollte dem Hund nie heiß, aber auch nicht eiskalt gereicht werden. Fleisch aus dem Kühlschrank ist vorher stets völlig aufzutauen und möglichst zimmerwarm zu reichen.

Wie andere Caniden frißt auch der Hund gelegentlich Gras. Daß es danach, dem alten Sprichwort gemäß, nicht regnet, kann jeder Hundeführer feststellen. Durch das Grasfressen kompensiert der Hund einen Basenüberschuß im Magen mit der Aufnahme von Karbonsäure. Auch Mangel an Vitaminen und Magensalzsäure kann die Ursache sein. Schließlich können spitze und unverdauliche Gegenstände leichter den Magen passieren, wenn sich Grashalme um diese gewickelt haben.

Von der *vierten bis zur achten Woche* erhält der Welpe täglich vier bis fünf Mahlzeiten zur Muttermilch, insgesamt bis zu 50 g, beispielsweise: morgens — rohe Haferflocken mit Milch und geriebenen Möhren; vormittags — trockene Haferflocken mit etwas Obst und zerschnittenen Möhren; abends — Haferflocken mit Fleisch.

Von der *neunten bis zur zwölften Woche* erhält der Welpe täglich drei, beispielsweise wie folgt zusammengesetzte Mahlzeiten, insgesamt bis zu 100 g: morgens — rohe Haferflocken mit geriebenen Möhren und etwas schwach gesalzenem Käse bzw. Quark; mittags — zerkleinertes rohes Fleisch bzw. Fisch mit Möhren; abends — Haferflocken mit Fleisch bzw. Obst.

Dem Futter sind ein Teelöffel Lebertran sowie eine Messerspitze Vitakalk beizumischen.

Vom *vierten bis zwölften Monat* erhält der Hund, mit dem Alter sich steigernd, täglich in zwei Mahlzeiten, mittags und abends, insgesamt 100 bis 150 g rohes Fleisch bzw. Fisch und 50 bis 100 g Haferflocken, rohes Gemüse sowie etwas Käse bzw. Quark.

Der *über ein Jahr alte Teckel* erhält täglich nur noch eine mittags oder nachmittags gegebene Hauptmahlzeit, die aus etwa 250 g rohem Fleisch oder Fisch sowie 100 g pflanzlicher Rohkost und Hundekuchen bestehen sollte. Abends gibt man ihm — auch zur Zahnpflege — Hundekuchen oder hartes Brot (Vollkornbrot, Schwarzbrot).

Die Futterschüssel ist selbstverständlich täglich zu reinigen. Sollte der Teckel zu dick geworden sein, dann hilft nur viel Bewegung bei gleichzeitiger Kürzung der Futterrationen. Wir können unserem Liebling sogar eine „Diät" angedeihen lassen, die z. B. aus Buttermilch mit Vollkornbrot, einem kleinen Stück der wenig nährstoffhaltigen Lunge und einer Mohrrübe besteht. Zugleich müssen wir darauf achten, daß sich der Teckel nicht auf dem Misthaufen oder am Hühnerfutter usw. schadlos hält. Natürlich ist der durch ausreichende jagdliche Führung muskulös trainierte Hund dem nur schlank gehungerten Tier vorzuziehen.

3.3. Hundepflege

Hundebürste — am besten eine mit schräg gestellten Borsten (Abb. 20) — und Kamm gehören zur täglichen Körperpflege. Dies dient nicht nur der Sauberkeit, sondern fördert Blutzirkula-

Abb. 20   Hundebürste mit schrägen Borsten

tion und Fellentwicklung. Langhaarteckel sowie Rauhhaarteckel mit längerem Haar werden zunächst gekämmt und dann gebürstet. Das Fell der Kurzhaarteckel sowie kurz behaarten Rauhhaarteckel wird dabei zuerst gegen den Strich und dann mit dem Strich bearbeitet. An den Behängen wird nur eine weiche Bürstenmassage (mit nach hinten schräg gestellten Borsten) vorgenommen. Während der Haarungszeit muß man auch bei kurzhaarigen Teckeln verstärkt den Kamm verwenden. Der bei einem Regenspaziergang oder anderweitig naß gewordene Teckel wird mit einem sauberen, trockenen Tuch an Brust, Bauch und Pfoten trocken gerieben. Alle 14 Tage sind die Ohren zu reinigen. Man nehme hierzu einen mit Wasser angefeuchteten, ausgewundenen Wattebausch. Stets ist darauf zu achten, daß man nicht zu tief in die Gehörgänge kommt.
Falls der Teckel tränende Augen haben sollte, sind diese morgens mit einem sauberen, feuchten Lappen auszuwischen. Verschmutzungen des Fells sind mittels Schwamm und einer guten Hundeseife auszuwaschen. Danach müssen alle Seifenreste mit klarem Wasser gut herausgespült werden, da es sonst zu Juckreiz und Schuppenbildung kommen kann.
Baden sollte man den Dachshund höchstens ein- bis zweimal jährlich, sonst wird der Haut zuviel Fett entzogen. Man verwende hierzu die im Handel erhältliche Schaumwäsche für Hunde, die auch Insektizide (zur Bekämpfung von Flöhen, Haarlingen und Läusen) enthält. Stets richte man sich genau nach der beigegebenen Anwendungsvorschrift. Nachdem der Hund sorgfältig mit Wasser abgespült wurde, frottiert man ihn

gründlich ab. Sollte der Teckel Schuppen haben, so muß er einige Stunden vor dem Baden mit Rizinusöl oder Neo-Ballistol eingerieben werden.

Selbst der bestgepflegte Hund kann sich gelegentlich Flöhe, Haarlinge oder Läuse aufsammeln. Bei geringem Ungezieferbefall ist dies mit einem Staubkamm auszukämmen oder das Tier mit Insektenpuder zu behandeln. Bei stärkerem Befall pudere man den Hund ein, wobei nichts in die Augen kommen darf. Danach stecke man ihn etwa zwei Stunden in einen alten Bezug, so daß nur der Kopf herausschaut und er sich nicht lekken kann. Anschließend wird der Teckel tüchtig ausgebürstet und man muß ihn sich schütteln lassen. Notfalls wiederhole man die Behandlung im Abstand von 10 bis 14 Tagen. Bei besonders hartnäckigem Befall, insbesondere mit Läusen, muß der Hund mit der vorerwähnten insektizidhaltigen Schaumwäsche für Hunde gebadet werden.

Bei jeglichem Ungezieferbefall sind auch das Lager des Hundes sowie der Zwinger mit geeigneten Insektiziden (in Pulver- oder Sprayform) gründlich zu desinfizieren.

Vorbeugend sind Hunde vor Prüfungen — insbesondere der Bauarbeit — sowie Ausstellungen leicht mit Insektenpulver oder Spray zu behandeln.

Immer wieder wird der Teckel gelegentlich Zecken (Holzböcke) aus dem Wald mitbringen. Sie saugen sich an der Haut fest und werden etwa erbsengroß. Vor dem vorsichtigen Herausdrehen sollten sie mit etwas Paraffinöl (notfalls Speiseöl) betupft werden. Ansonsten ist es möglich, daß nur der Hinterleib abgerissen wird, während der Kopf in der Hundehaut verbleibt und zu Entzündungen führen kann.

Durch Fettmangel der Haut, u. a. auch zu häufiges Waschen, können sich Schuppen bilden. Zur Behandlung reibt man den Haarboden mit Öl ein, ferner empfiehlt es sich, täglich einen Teelöffel Lebertran zu geben.

Auch auf die Pfoten des Hundes sollte man ständig achten. Zwischen den Zehen angesammelte kleine Steinchen und Erdreste sind zu entfernen. Wenn dies nicht geschieht, können sich unangenehme, langwierige Zwischenzehenkrankheiten entwickeln. Teckel, die zu wenig Bewegung haben, müssen ab und zu mit einer Krallenzange die Spitzen der Krallen gekürzt werden. Sorgfältig ist darauf zu achten, daß man nicht zu tief schneidet. Hierdurch können schmerzhafte Verletzungen der Krallen entstehen, die leicht zu Infektionen führen. Das Beschneiden der Krallen sollte ein Tierarzt ausführen.

3.4. Die wichtigsten Hundekrankheiten

Erkrankungen der Hunde kann durch entsprechende Zuchtwahl, richtige Haltung, Pflege und Ernährung aller Tiere, besonders der Welpen weitestgehend vorgebeugt werden. Wenn dennoch ernsthafte Zeichen einer Erkrankung vorliegen, versäume man nicht, rechtzeitig den Tierarzt zu konsultieren.

Ein feuchter und glänzender Nasenspiegel gilt im allgemeinen als Zeichen eines gesunden Hundes. Andererseits deutet eine trockene und warme Nase nicht gleich auf Fieber und Krankheit hin. Beurteilt werden kann der Zustand eines Hundes nur durch sorgfältiges Beobachten des Allgemeinbefindens, Fiebermessen, aber auch Kontrollieren von Atmungsbewegungen und Pulszahl.

Zum Fiebermessen (Abb. 21) hält man mit der linken Hand die Rute fest, während mit der rechten Hand der zuvor eingefettete bzw. mit Seife oder Vaseline schlüpfrig gemachte Quecksilberteil eines normalen Fieberthermometers in den Mastdarm vorsichtig eingeführt wird. Nach drei Minuten entferne man das Thermometer zum Ablesen. Sollten Tiere besonders unruhig sein, so muß ihnen eine vertraute Person den Kopf festhalten. Die Normaltemperatur schwankt von 37 bis 39°C. Während jüngere Hunde eine höhere Temperatur zeigen (38 bis 39°C), ist bei älteren Tieren eine niedrigere Temperatur (37 bis 38°C) zu verzeichnen. Erst ab 39,2°C besteht Fieberverdacht.

Bei einem erwachsenen Hund beträgt die normale Atemfrequenz in einer Minute 10 bis 30. Die Atemzüge vermehren sich durch Laufen, Trächtigkeit, Hitze, starke Magenfüllung usw. Nach rascher Bewegung und bei großer Wärme ist eine besondere Form der Hundeatmung, das sogenannte „Hecheln" festzustellen. Man kann hier bei offenem Fang und weit hervorragender Zunge mehr als 100 Atemzüge in der Minute zählen. Starke Atemnot ist dann zu konstatieren, wenn Hunde beim Atmen die Backen aufblasen und eine sitzende Stellung einnehmen.

Zum Eingeben von Tabletten legt man dem Hund diese auf den hinteren Zungengrund. Danach schließe man den Fang, wobei der Kopf leicht nach hinten gebogen wird. Durch Abwärtsstreichen über den Kehlkopf kann man das Schlucken erleichtern. Noch einfacher lassen sich Tabletten eingeben, indem man sie in Schabefleisch einknetet, dies zu einem Kügelchen formt und dann dem Hund von der Hand aus zu fressen gibt. Flüssige Medizin wird dem Hund mit einem Löffel auf den Zungengrund ge-

Abb. 21   Fiebermessen beim Teckel

kippt. Danach schließe man den Fang so lange, bis die Flüssigkeit aufgenommen ist. Beim weniger folgsamen Tier öffnet
man die Lefzen so, daß sich eine Tasche bildet. Hier schüttet
man dann den Trank hinein. Behutsames Vorgehen ist nötig.
Danach, wie auch beim Aufschlucken von Tabletten, belohne
man den Hund durch ein Stückchen Wurst oder dergleichen.
Zur tierärztlichen Untersuchung werden zuweilen Urin und Kot
benötigt. Im ersteren Falle beachte man, wenn der Hund an seinem gewohnten Stammplatz zu nässen beginnt und fange den
Strahl mit einer Schöpfkelle auf. Danach wird der Urin in einem
entsprechend beschrifteten Fläschchen aufbewahrt und dieses
verkorkt. Zur Kotentnahme wirke man darauf ein, daß der Hund
sich auf einem begrasten Platz und nicht auf bloßer Erde löst.
Danach wird mit einem breiten Holzstäbchen ein fingerglied-
großes Stück der Losung entnommen, in eine flache Dose gelegt, diese verschlossen und sodann beschriftet.
Nachfolgend sollen die wichtigsten Hundekrankheiten — hin-
sichtlich Diagnose, Vorbeuge und Behandlung kurz dargelegt
werden:
Acanthosis: eine Hautkrankheit unbekannter Ursache. Bei Tek-
keln im Alter bis zu vier Jahren tritt sie vorwiegend auf. An Unterbrust, Halsseite, den Innenflächen der Oberschenkel und
Vorderbeine verdickt sich die Haut seehundlederartig, wird

grau pigmentiert und saftreich. Behandlung: Schwefel- und Salicylsäure in Salbenform, Bestrahlung sowie mit Vitaminpräparaten.

Bandwürmer: Von den sieben beim Hund vorkommenden und im Dünndarm schmarotzenden Bandwürmern wird dem Menschen glücklicherweise nur der sehr selten vorkommende, *Dreigliedrige Bandwurm* gefährlich. Möglich ist dies nur, wenn der Mensch mit der Nahrung Eier dieses Bandwurmes von entsprechend erkrankten Hunden — z. B. durch deren Lecken — aufnimmt. Es entwickeln sich dann aus den Bandwurmeiern im Körper des Menschen (besonders in Lunge und Leber) Echinokokken. Diese können Druckerscheinungen und Zerstörungen hervorrufen und je nach ihrem Sitz zum Tode führen. Der Mensch kann sich hiervor schützen, indem er sich nicht von Hunden lecken läßt. Ein bedingter Schutz besteht darin, daß Hundeführer ihre Vierbeiner regelmäßig einer Bandwurmkur unterziehen. Ferner sollten, wie bereits dargelegt, Leber und Lunge nicht roh an Hunde verfüttert werden. Die Länge der Bandwürmer schwankt je nach Art von 2,5 mm bis zu mehreren Metern. Krankheitserscheinungen durch Bandwürmer sind bei Hunden nur feststellbar, wenn starker Befall vorliegt. Sie bestehen in Abmagerung trotz guter Fütterung, Unruhe, Krämpfen und Erregung, Afterrutschen, Lecken am Weidloch infolge Reizes durch abwandernde Glieder des Bandwurmes. Bandwurmeier sind nur beim *Grubenkopfbandwurm* im Kot sichtbar. Bei den anderen Arten lösen sich die reifen Glieder ab. Man findet sie oft lebhaft beweglich auf dem Kot bzw. angetrocknet an den Haaren in der Umgebung des Weidlochs.

Um eine weitere Übertragung zu verursachen, müssen die mit dem Kot ausgeschiedenen Glieder bzw. Eier des Bandwurmes von Zwischenwirten aufgenommen werden. Je nach Art des Bandwurmes sind dies Hundefloh, Schaf, Schwein, Rind, Kaninchen, Feldhase, sogar Süßwasserfisch. Blasenartige Bandwurmfinnen entstehen dann in den verschiedensten Organen der Zwischenwirte. Nimmt der Hund derartige Finnen mit der Nahrung auf, so bildet sich in seinem Darm der entsprechende Bandwurm aus.

Beim Befall mit Hundebandwürmern sollte stets der Tierarzt zu Rate gezogen werden. Mit Hilfe entsprechender Tabletten kann der Parasit erfolgreich bekämpft werden.

Demodikose: Schwere Hauterkrankung des Hundes. Sie wird durch eine Haarbalgmilbe verursacht. Der echten Räude ähnlich, kommt die Krankheit besonders häufig beim jungen Teckel

(Zahnwechsel) vor. Dies ist insbesondere der Fall, wenn eine bestimmte Krankheitsbereitschaft infolge *Rachitis* oder überstandener *Staube* vorliegt.

Die Krankheit beginnt hauptsächlich an Augenlidern und Nasenrücken, aber auch an Hals und Läufen, selten am Rücken. Zur Behandlung, die sich meist langwierig gestaltet, ist ein völliges Scheren nötig. Fetale Hautextrakte müssen verabreicht werden. Daneben hilft eine vielseitige Ernährung. Bestimmte Formen dieser Krankheit sind unheilbar.

Durchfall: Trotz des vermehrten Durstes muß dem Hunde weniger Flüssigkeit — nur abgekochtes Wasser oder Tee — gegeben werden. Ferner ist zu verhindern, daß das Tier anderweitig Wasser aufnimmt. Gefüttert wird der Hund nur mit Zwieback sowie schleimigen Suppen aus Haferflocken oder Reis. Keineswegs darf Fleisch oder Vollmilch gegeben werden. In schweren Fällen sind Kohlepräparate zu verabreichen.

Eklampsie: Spezifische, akute, epileptiforme, oft mehrere Stunden andauernde, Krampfanfälle, bei hochtragenden und säugenden Tieren kennzeichnen diese Krankheit. Oft bestehen die Symptome nur in Hecheln, starker Unruhe und plötzlichem Ausbleiben der Milch. Bei Erstgebärenden ist die Sterblichkeit am höchsten, etwa 10 bis 30 %.

Rasche tierärztliche Hilfe ist erfolgreich. Vorbeugend werden einige Wochen vor der Geburt Calciumgaben empfohlen. Das Bedecken von Kopf und Hals mit einem feuchten Tuch sowie Eingeben von 20 bis 30 Tropfen Baldriantinktur (Vorsicht, Verschluckungsgefahr!) kann sich günstig auswirken.

Ekzeme: Akut und chronisch verlaufende Hauterkrankung verschiedener Erscheinungsform mit differenziertem Juckreiz. Wiederholte Durchfeuchtung der Haut, durch übertriebenes Waschen, unzureichende Hautpflege sowie mechanische Einwirkungen beim Reiben, Beißen durch Parasiten, aber auch chemische Einwirkungen durch Jod, Petroleum, Quecksilber usw. können die Ursache sein. Gleichermaßen können Ekzeme durch unzweckmäßige Ernährung (z. B. ausschließliche Fütterung von Hundekuchen), Nierenleiden, Verdauungsstörungen, Störungen des Sexualstoffwechsels, Fettsucht usw. entstehen. Das akut ausgebreitete Ekzem der dichtbehaarten Körperstellen beginnt häufig unter den Ohren, am Hals, längs der Rückenlinie, am Rutenansatz, im Bereich der Schultern und äußeren Schenkelflächen. Es entstehen pfenniggroße Stellen, die sich in ein bis zwei Tagen zu handtellergroßen Flächen entwickeln. Bei älteren Hunden entsteht das häufig chronische Ekzem am

Rücken infolge mangelnder Hautpflege. Bei Jagdhunden treten infolge einer Reizung der Haut durch Dorne und Stacheln zuweilen Ekzeme der Zwischenzehenhaut auf.

Bei Ekzemen ist stets ein Tierarzt zu Rate zu ziehen. Neben verschiedenen Salben kann sie auch innerlich mit Calcium- und Vitaminpräparaten behandelt werden.

Hüftgelenkdysplasie, HD: In der Anlage vererbbare Verformung des Hüftgelenks beim Hund. Anfängliche Symptome der HD sind nur schnelle Ermüdung und Bewegungsunlust. Später kommen unsicherer Gang, zögerndes Springen, Lahmheit sowie häufiges Hinsetzen und schließlich im fortgeschrittenen Stadium Versteifung der Hinterhand hinzu. Vor allem im Anfangsstadium sind die Symptome schwer erkennbar; nur die Röntgenaufnahme ermöglicht eine sichere Diagnose. Die nicht heilbare HD wird international in vier Erkrankungsgrade eingeteilt. Hunde mit HD werden bei der Rasse Teckel nicht zur Zucht zugelassen.

Leptospirose (Stuttgarter Hundeseuche): Erreger dieser auch auf den Menschen übertragbaren Krankheit (Zoonose) sind Spirochäten. Die weit verbreitete Seuche tritt besonders im Herbst und Winter auf und befällt überwiegend männliche Hunde verschiedenen Alters. Durch das Beschnüffeln der Genitalien von Hunden bzw. mit Hundeurin verunreinigte Stellen wird die Krankheit übertragen. Menschen werden direkt vom Hund angesteckt. Die Leptospirose tritt in zwei Formen auf:

— Die ohne Gelbsucht verlaufende Seuche äußert sich in einer vorübergehenden, fieberhaft ansteigenden, aber bald wieder absinkenden Körpertemperatur, Erbrechen, starkem Durst, großer Hinfälligkeit und Mattigkeit, braunroter Färbung der Lidbindehäute, aasähnlichem Geruch aus dem Fang, Geschwüren auf der Zungenschleimhaut sowie Maulschleimhaut, blutigem Durchfall, Schmerzhaftigkeit des Hinterleibes, Schlafsucht und Eklampsie sowie selten Krämpfen. Der Tod tritt bei rascher Abmagerung durchschnittlich nach vier bis acht Tagen ein. Zuweilen kann beim nicht selten chronischen und leichteren Verlauf eine allmähliche Heilung nach Wochen und Monaten eintreten.

— Die Krankheit kann ferner mit Gelbsucht verlaufen, in einer mit der *Weilschen Krankheit* des Menschen übereinstimmenden Form. Hier treten Erscheinungen wie bei der ersten Form auf. Die Schleimhäute, die Sklera sowie die äußere Haut sind jedoch gelb gefärbt. Für den Hund spielt hier als Ansteckungsquelle die Ratte eine größere Rolle.

Die Leptospirose kann durch mikroskopische Untersuchung des Harnes und des Kotes nachgewiesen werden. Frühzeitige tierärztliche Behandlung mit Hilfe von Antibiotika vermag schlagartige Heilung zu bringen. Eine zweimalige Schutzimpfung gegen die Leptospirose wird empfohlen.

Nierenentzündung: In der chronischen Form eine weitverbreitete Hundekrankheit und häufige Todesursache. Ursache dafür sind die Leptospirose, andere Infektionen, Erkältungen und nicht determinierte Nierenreizungen. Im Anfangsstadium wird die Krankheit häufig nicht erkannt, da sie kaum Beschwerden auslöst. Symptome sind gesteigertes Durstgefühl, gekrümmter Rücken, Erbrechen hellen Schleims sowie Ausbilden eines trockenen Ringes an den Flügeln des Nasenspiegels sowie zwischen dem Haaransatz und diesem. Ferner sind reichlich Eiweiß und Zellbestandteile im Urin enthalten.

Die akute Nierenentzündung ist weitaus seltener. Sie bewirkt eine erhebliche Störung des Allgemeinbefindens und ist fieberhaft. Im Verlaufe des Leptospirose tritt im allgemeinen eine sehr schwere, akute Nierenentzündung auf. Eine zum Tode führende Harnvergiftung kann bei akuten Entzündungen auftreten. Sofort ist hier der Tierarzt zu konsultieren. Bei der akuten Form sind sofort warme Umschläge anzubringen. Diätfütterung und Verabreichung von Bärentraubenblättertee können bei der chronischen Form helfen.

Ohrmuschel- und Gehörgangsekzem (Ohrzwang): Diese Krankheit entwickelt sich vor allem bei Hängeohren, da hier eine Reibung von Hautflächen und demzufolge eine Verhinderung der Ausdünstung zur Zersetzung des Ohrenschmalzes führt. Hohe Schmerzhaftigkeit, heftiger Juckreiz, quatschendes Geräusch beim Druck auf die Ohrgegend sind die Symptome.

Die beste Vorbeuge besteht im wöchentlichen Reinigen der Behänge. In leichteren Fällen hilft Einträufeln von Paraffinöl in den Gehörgang und leichtes, gründliches Massieren. In hartnäckigen Fällen muß zweiprozentiger Salizylalkohol verwendet werden.

Ohrräude: Eine durch Milben verursachte ansteckende Ohrenentzündung, die oft durch Kratzen übertragen wird. Als Symptome sind Juckreiz, Kratzen, Schütteln des Kopfes und mit der Zeit Krustenbildung im Gehörgang festzustellen. Das fortschreitende Krankheitsbild ist durch Schiefhalten des Kopfes, Sehstörungen, Krampfanfälle, Abmagerung und schließlich Tod gekennzeichnet. Zuweilen sind die Milben an den Ohrrändern als bewegliche, weiße Pünktchen erkennbar. Die Behandlung besteht im gründlichen Reinigen des äußeren Gehörganges sowie dem Auswischen mit entsprechenden Präparaten.

Parvovirus — Infektion: Erreger dieser bisher unbekannten, ausschließlich auf die Tierart Hund beschränkten, Seuche ist der Parvovirus.

Die Übertragung erfolgt nicht nur durch direkten Kontakt mit erkrankten Tieren bzw. deren Kot, sondern auch mittels bisher unbekannter Zwischenträger (Fliegen, Wildvögel, Schadnager). Auch in gut abgesicherten Beständen wurden Krankheitsfälle festgestellt. Belastende Faktoren wie Absetzen der Welpen, Zahnwechsel, ungünstige Haltungsbedingungen und Wurmbefall sind dabei offenbar von wesentlichem Einfluß.

Die Inkubationszeit beträgt fünf bis sieben Tage. Vorwiegend erkranken Hunde unter einem Jahr.

Es werden zwei Formen unterschieden:

— Die Kardiale PVI. Sie tritt vorwiegend bei Saugwelpen auf und führt nach ein bis zwei Tagen zum Tod.
— Die enterale Form; sie ist am meisten verbreitet.

Einleitende Symptome sind stets Inappetenz und Erbrechen (schaumige, gelblich-weiße Flüssigkeit). Zugleich damit oder unmittelbar anschließend tritt blutiger, ungewöhnlich übelriechender Durchfall auf. Ohne Behandlung kommt es nach einer Krankheitsdauer von drei bis sieben Tagen zum Tod. Die Todesrate beträgt bei Hunden unter sechs Monaten 30 bis 50 %, ansonsten 10 bis 15 %. Aussicht auf Gesundung der Hunde besteht nur, wenn bei den ersten Symptomen der Krankheit unverzüglich der Tierarzt aufgesucht wird.

Räude: Sie wird durch die Sarcoptes-Milbe hervorgerufen. Die Gänge in die Haut grabenden Milben verursachen starken Juckreiz. Sie breiten sich, meist am Kopf beginnend, über Vorderbrust, Unterbauch und Schenkelinnenflächen aus. An den befallenen Stellen zeigen sich Bläschen, Knötchen und Krusten. Bei nicht rechtzeitiger Behandlung magern die Tiere ab und gehen schließlich an Erschöpfung ein.

Die Übertragung erfolgt von Tier zu Tier, aber auch im Fuchsbau usw. Die Bekämpfung besteht im Abscheren der Haare, Aufweichen der Krusten mit Schmierseife und Einreiben mit entsprechenden Präparaten. Das Lager desinfiziere man mit dreiprozentiger Kreolinlösung. Nach vier Wochen sind behandelte Zwinger seuchenfrei, da die Milben inzwischen absterben. Besonders wichtig ist vielseitige und kräftige Ernährung sowie das Vertilgen aller Füchse und Vergrämen der leerstehenden Baue.

Spulwürmer: Weiße, derbe, drehrunde Würmer mit einer Länge von 5 bis 10 cm; die Weibchen länger als die Männchen. Die im Dünndarm sitzenden Schmarotzer verursachen Verdauungsstörungen aller Art, Verstopfung, wechselnden Appetit, Durchfall auch Darmentzündungen sowie Erbrechen von Würmern. Bei Welpen ist eine Auftreibung des Bauches festzustellen. Ferner treten hier breitbeiniger Rückwärtsgang sowie fade-süßlicher Geruch aus dem Munde, schlechtes Haarkleid, Abmagerung, Krämpfe und Zuckungen sowie häufig auch plötzlicher Tod ein. Eine Diagnose ist mittels mikroskopischer Kotuntersuchung möglich. Die Ansteckung vollzieht sich durch Aufnahme der Eier, die sehr dickschalig und gegen gebräuchliche Desinfektionsmittel widerstandsfähig sind.

Die Vorbeuge besteht im Reinhalten der Unterkunft, täglicher Kotentfernung sowie Desinfektion des Zwingers mit kochendheißer Sodalösung oder Ausbrennen mittels Lötlampe. Die Muttertiere sind regelmäßig vor dem Belegen oder spätestens während der dritten bis sechsten Trächtigkeitswoche zu behandeln. Welpen müssen bereits im Lebensalter von knapp drei Wochen sowie mit drei und vier Monaten behandelt werden.

Staupe: Durch einen Virus hervorgerufene, akute, sehr häufig vorkommende Infektionskrankheit, die vor allem Hunde im ersten Lebensjahr befällt. In der Jugend nicht staupeerkrankte Hunde können diese Krankheit auch noch im höheren Alter erleiden. Außer der klassischen Staupe werden noch die *Hartballenkrankheit* sowie *ansteckende Leberentzündung* infolge bösartiger Virusinfektion festgestellt. Erste Krankheitserscheinungen der Hundestaupe treten im allgemeinen in einer Zeit von drei bis sechs Tagen nach Eindringen des Virus auf. Im ersten Stadium zeigen sich verminderte Freßlust sowie unlustiges Benehmen bei einem Temperaturanstieg auf $39,5\,°C$ bis über $41\,°C$. Gerötete Lidbindehäute, schleimiger Ausfluß aus Nase und Auge, leichter Durchfall und Husten sowie katarrhalische Entzündung des Rachens, der Mandeln und des Darmes sind weitere Symptome dieses nur ein bis drei Tage währenden Stadiums. Da die Tiere häufig bald wieder normales Benehmen zeigen, wird dieses Stadium leider nur selten behandelt. Im zweiten Stadium tritt erneut Fieber auf. Ferner sind eitrige Lidbindehautentzündungen, eitriger Nasenausfluß, Lungenentzündung, Magen- und Darmentzündung zu verzeichnen. Oft tritt durch Entkräftung der Tod ein. Als drittes Stadium der

Staupe kann die nervöse Form auftreten. Hier zeigen sich Lähmungserscheinungen, Krämpfe, bzw. rhythmische Zuckungen, wenn Gehirn und Rückenmark erkrankt sind. Bei der nervösen Staupe ist die Verlustziffer besonders hoch.
Grundsätzlich sind Staupeerkrankungen nur bei rechtzeitiger tierärztlicher Behandlung heilbar. Die jährliche vorbeugende Staupe-Schutzimpfung hat sich bewährt. Sie sollte nicht nur bei jungen Hunden erfolgen. Zur Impfung müssen die Tiere absolut gesund sein.

Teckellähme: Sie tritt meist bei älteren, gut ernährten Tieren eventuell infolge heftiger, ungeschickter Bewegung, Bänderzerrung, Diastase und Luxation auf. Es entstehen hierdurch Quetschungen und Zerrungen der Zwischenwirbelscheiben sowie des Rückenmarks. Dies führt zu schwankendem Gang, Kreuzschwäche und Nachhandlähmung.
Folgen der Erkrankung sind Lähmungen der Blase und Störungen des Kotabsatzes. Die Krankheit kann nur in frischen, leichten Fällen geheilt werden.

Tollwut: Weitverbreitete, durch einen Virus hervorgerufene bedeutsamste Wildkrankheit und gefährlichste Zoonose. Sie befällt vor allem Hund, Fuchs, Dachs, Katze u. a. Haarraubwild und ist durch Biß auf andere Tiere und den Menschen übertragbar.
Tollwutverdächtige oder kranke Tiere sind sofort der örtlichen Behörde zu melden, damit die nötigen Schutzmaßnahmen (Töten bzw. Absondern der Tiere, Impfungen usw.) eingeleitet werden können.
Der tollwuterkrankte Hund zeigt im ersten Stadium verändertes Benehmen und eine gesteigerte Reflexerregbarkeit. Das Tier wird launenhaft und mürrisch, verkriecht sich und schnappt nach der Hand, die ihn aus dem Versteck hervorlocken will. Zuweilen zeigt er sich besonders unterwürfig und anschmiegsam. Das Futter wird verweigert, dafür aber unverdauliche Gegenstände wie Steine, Holz u. a. m. gierig verschlungen. Zunehmender Speichelfluß stellt sich ein, Hunde beißen um sich, werden schreckhaft und schnappen in die Luft. Im zweiten Stadium sind Unruhe und Raserei zu verzeichnen. Neben verstärktem Speichelfluß treten Lähmungen der Kehlkopfmuskeln ein (Heiserkeit). Infolge von Schlingkrämpfen und Schlundlähmungen kann der Hund trotz starken Durstes nicht trinken.
Das dritte Stadium ist durch Lähmungserscheinungen und Heiserkeit gekennzeichnet. Diese schreiten vom Kopf zur Hinterhand fort. Bei herabhängendem Unterkiefer wird der Gang tau-

melnd und schleppend. Schließlich kann der Hund sich nicht mehr erheben und geht an Atemlähmung oder Kreislaufschwäche ein.

Der Jäger muß sich beim Umgang mit tollwutkranken und der Seuche verdächtigen Tieren und Tierkörpern sowie Teilen davon äußerst vorsichtig verhalten. Bereits durch die leichteste Hautverletzung (z. B. Pickel) kann der Virus eindringen und zur tödlichen Erkrankung führen. Wenn die Tollwut auch überwiegend durch Biß übertragen wird, so ist auch durch Kratzverletzungen, sogar Belecken und Eindringen tierischen Speichels in Mund, Nase oder Augen eine Infektion möglich. Menschen, die in dieser Weise mit tollwutkranken Tieren Kontakt hatten, müssen dies sofort der nächsten Behörde melden und sich unverzüglich impfen lassen. Nur bei rechtzeitiger Impfung kann ein Ausbruch der tödlich verlaufenden Krankheit verhindert werden. Besser ist es natürlich, durch umsichtiges Verhalten jeglicher Tollwutinfektion vorzubeugen.

Hunde können einer jährlichen prophylaktischen Impfung gegen Tollwut unterzogen werden.

Toxoplasmose: Eine Infektionskrankheit, deren Erreger zu den Sporentierchen gehört. Sie ist durch den Hund auch auf den Menschen übertragbar. Die Krankheitssymptome ähneln der Staupe bzw. Leptospirose.

Durch Toxoplasmoseinfektion entsteht bei Kindern eine Schädigung des Zentralnervensystems; bei werdenden Müttern können sich Fehlgeburten einstellen. Bei Verdacht ist daher sofort ein Arzt zu konsultieren.

Vergiftungen: Plötzliche, unerklärliche, im allgemeinen sich an die Nahrungsaufnahme anschließende, akute Krankheitssymptome deuten auf Vergiftungen hin. Sie sind je nach Aufnahme des Giftes unterschiedlich. Bei jedem Verdacht auf Vergiftung sollte sofort der Tierarzt aufgesucht werden.

Als erste Hilfe kann man bei Lähmungserscheinungen starken Kaffee oder Tee, eventuell als Einlauf in den Mastdarm, verabfolgen. Warmes Wasser sowie fettige und ölige Mittel sind zu vermeiden.

Verstopfung: Sie wird am einfachsten durch Einführen von Abführzäpfchen in den Mastdarm behoben. Ferner kann ein Mastdarmeinlauf gemacht werden. Man schiebt hierzu einen angefeuchteten, weichen Gummischlauch möglichst weit in den Mastdarm ein und läßt durch ihn eine gewisse Menge lauwarmen Leinsamenschleim oder Wasser-Öl-Gemisch einlaufen.

Wunden: Bei der jagdlichen Führung des Hundes können häufig Wunden auftreten. Grundsätzlich ist es falsch, diese mit Wasser auszuwaschen. Hierdurch können Infektionen und Reizungen auftreten. Bei kleineren Wunden hilft sich der Hund selbst durch Belecken. Eine andere Behandlung ist hier unnötig, zumal der Hundespeichel viele natürliche Desinfektionsstoffe enthält.

Bei größeren Wunden, die ein Nähen erforderlich machen, sollte unverzüglich der Tierarzt aufgesucht werden. Vorher lege man einen aus keimfeier Wundauflage, Polsterung und der Binde bestehenden Verband auf. Für seinen vierbeinigen Jagdgefährten und sich selbst auch, sollte der Jäger daher stets ein bis zwei Verbandspäckchen bei sich führen. Der Verband muß fest sitzen, darf aber nicht zu Stauungen führen. Man erkennt sie an der blauroten Verfärbung der Haut unterhalb des Verbandes. Bei Schlagaderverletzungen muß ein Druckverband angelegt werden. Wenn dieser durchblutet, muß ein zweites oder drittes Verbandspäckchen auf die Wunde gelegt und mit verstärktem Druck angewickelt werden.

Bei nicht zu großen Wunden kann heute anstelle des Verbandes mit der Spraydose ein schnell trocknendes Gel auf die Haut gesprüht werden. Es bildet einen dünnen, porösen Schutzfilm über die Wunde. Dieser auch in der Human-Medizin übliche Spray-Verband bietet Schutz vor Infektionen und Blutungen, läßt aber andererseits ausreichend Luft an die Wunde heran.

4. Abrichtung

4.1. Abrichtungsgrundsätze

Dem Teckel wird häufig angeborener Ungehorsam nachgesagt. Sehr treffend schreibt dazu *Corneli* (Der Dachshund, Berlin 1885): „Flüchtig jagt ein alter Teckel über die Schneiße weg in einen neuen Trieb, ein zweiter läuft die Schützenlinie entlang und sucht seinen Herrn, ein dritter schnuppert auf der Erde herum und kommt nicht von der Stelle, noch ein anderer wird waidelaut und die ganze Gesellschaft rast nun auf diesen Kläffer los, und was sonst noch die unangenehmen Reminiscenzen einer solchen Jagd sind." Der Verfasser stellt aber dann auch fest, daß dies Resultat der falschen Ansicht sei, man könne den Dachshund nicht dressieren, bzw. brauche ihn wegen seiner angewölften „Naturtalente" nicht abzurichten.

Wie jede Hunderasse benötigt auch der Teckel eine besondere Abrichtung zu jeder Leistung, die wir von ihm verlangen. Ungehorsam wird sich nur dort zeigen, wo wir in seiner Abrichtung Unterlassungssünden oder gar Fehler gemacht haben. Es gibt zahllose Beispiele dafür, daß auch der gut abgerichtete Teckel seinem Herrn ein gehorsamer, treuer und zuverlässiger Gefährte ist.

Urahne des Hundes ist der Wolf. Die Anlagen dieses Laufraubtieres sind beim Jagdhund weitestgehend erhalten geblieben. Durch die Haustierwerdung haben sich die Umweltbedingungen für den Hund stark verändert. Meist lebt er, häufig auf engstem Raum, insbesondere bei der Stubenhaltung, nur mit dem Menschen. Der Hund ist ein Meutetier, und dieses Verhalten nutzen wir. Im Hundeführer findet er anstelle der Mutterhündin die „Ersatzmeute", die für Unterbringung, Nahrung und Geschlechtspartner sorgt. Die Bindung des Hundes zu den Welpen ist nicht so stark wie die des Wolfes an seine Nachkommen. Während die Wölfin im Jahr nur einmal heiß wird, vollzieht sich dies bei der Hündin zweimal. Andere Verhaltensweisen beim Deckakt, der Geburt und Behandlung der Welpen ähneln sich.

Stets war der Hund als Meutetier gezwungen, sich durchzusetzen oder unterzuordnen. Für den Hundeführer bedeutet dies, daß er sich gegenüber dem Hund stets voll durchsetzen und als Meuteführer behaupten muß. Dazu sind für alle Abrichtungsübungen Geduld, Ruhe, Ausdauer, ja Zähigkeit, verbunden mit viel Liebe zum Tier und Einfühlungsvermögen, nötig. Bei allen Abrichtungsübungen muß man vom Einfachen zum Komplizierten fortschreiten und bemüht sein, alle störenden Einflüsse der Umwelt auszuschalten.

Nur maßvoll darf Zwang ausgeübt werden. Dies gilt insbesondere für den Junghund. Vor allem sollte man mit Lob — Streicheln, Abliebeln, Belobigungshappen — arbeiten. Häufig wird andererseits behauptet, daß man dem Teckel überhaupt nichts tun dürfe, weil er doch so klein und niedlich sei. Dies ist grundfalsch. Bei besonders störrischen Dachshunden ist durchaus ein leichter Gertenhieb oder besser noch Schlag mit der zusammengefalteten Zeitung auf das Hinterteil nötig. Der intelligente Hund reagiert sehr bald darauf. Später genügt meist schon das drohende Erheben der zusammengefalteten Zeitung, um ihn zu veranlassen, einen Befehl des Führers auszuüben. Nie sollte man den Hund mit der bloßen Hand schlagen, da er hierdurch handscheu werden kann. Der Hund muß erkennen, daß wir ihn zwingen können, etwas auszuüben, auch wenn ihm dies unangenehm ist. Er wird dann bald lernen, Unangenehmes auszuführen, wenn er dadurch noch Unangenehmerem aus dem Weg gehen kann.

Ein wichtiger Abrichtungsgrundsatz besteht darin, den Hund nur auf frischer Tat zu bestrafen. Ein nachfolgendes Bestrafen ist zwecklos. Der Hund vermag dann keine Verbindung mehr zwischen der Missetat und ihren Folgen zu erkennen.

Die Entwicklung des Hundes verläuft in verschiedenen Phasen. In der ersten und zweiten Lebenswoche, der *vegetativen Phase*, beginnt die Umwelt auf den Welpen einzuwirken. Lebensnotwendige und arterhaltende Verhaltensweisen, die sich entwicklungsgeschichtlich herausgebildet haben, zeigen sich hier. Sie beschränken sich auf sicht- bzw. hörbare Reaktionen, wie z. B. den Saugreflex und das Lautgeben. Die Welpen stoßen mit dem Kopf gegen das Gesäuge, um die Milchproduktion anzuregen. Nach dem Säugen liegen die Welpen bei der Mutter, die ihnen Milchrückstände ableckt. Auch Urin und Kot der Welpen leckt die Mutterhündin auf, so daß das Lager immer sauber bleibt. In der dritten Woche, der sogenannten *Übungsphase* öffnen sich bei den Welpen die äußeren Gehörgänge sowie die Lidspalten. Vom Beginn des achtzehnten Lebenstages untersuchen sie ihre Umgebung und nehmen mit den Geschwistern Kontakt auf. Vom einundzwanzigsten Lebenstag an brechen die Zähne durch. Nun beginnt das Zufüttern. Bei den Wildcaniden bricht dabei die Wölfin ihren Jungtieren vorgekaute und vorgewärmte Nahrung aus. Gefördert wird dies durch den „Mundwinkelstoß" der Welpen bei der Mutterhündin. Er bleibt auch bei erwachsenen Hunden beim Umgang mit den Menschen erhalten. Zur Begrüßung springt der Hund an ihm hoch und versucht mit seiner Nase ins Gesicht zu stoßen.

Grundsätzlich erfolgt das Zufüttern durch den Züchter. Dieser sollte überhaupt bemüht sein, schon jetzt Kontakt zu den Welpen aufzunehmen und durch Hochheben und Streicheln ihr Vertrauen zu gewinnen.

Die vierte bis siebente Woche ist die sogenannte *Prägungsphase*. Hier werden mit dem Verlassen des Lagers die ersten Erfahrungen in der Umwelt gesammelt. Rasch lernt der Welpe die soziale Überlegenheit des Stärkeren kennen und darauf zu reagieren. Junge Wildcaniden machen zunächst die Bekanntschaft mit dem Vater; dieser spielt mit ihnen grob und ungestüm. Unter unseren heutigen Zuchtbedingungen ist selten der Vater des Wurfs im gleichen Zwinger. An seine Stelle tritt der Züchter. Er muß bemüht sein, häufigen Berührungskontakt zu den Welpen zu finden. Wird dieser nicht geschaffen, so fühlt sich der junge Hund verunsichert; das Auftauchen des Menschen kann zum Fluchtverhalten führen. Wichtig ist in dieser Phase, daß die Welpen genügend Raum haben, um miteinander spielen zu können.

In der achten bis zwölften Woche vollzieht sich die *Sozialisierungsphase*. Meist kommen die Welpen jetzt in die Hand ihres neuen Besitzers. Dieser muß nun die Rolle des Vater-Rüden und Spielgefährten übernehmen. Rasch muß der Welpe seine neue Umgebung kennen lernen, Vertrauen zu seinem neuen Besitzer gewinnen und diesen nunmehr als Meuteführer anerkennen.

Es beginnt die Erziehung; Hör- und Sichtzeichen erleichtern die Abrichtung. Abrichten (Dressur von Jagdhunden) ist nur mög-

Abb. 22   Führerleine mit Wirbelring und Scherenzangenhaken

lich, durch zielstrebiges Lehren seitens des Hundeführers und Lernen durch den Hund. Im Rahmen der Abrichtung nimmt der Hund über seine Sinne wichtige Informationen auf. Dabei werden Erfahrungen erworben, die das Zentralnervensystem als „Gedächtnisbesitz" (Individualgedächtnis) aufbewahrt. Sie ermöglichen dem Hund bestimmte Situationen wiederzuerkennen und daraus folgernd Verhaltensweisen und damit Leistungen zu zeigen.

Wichtig für die erfolgreiche Abrichtung ist, daß der neue Hundeführer sofort Kontakt mit dem Welpen aufnimmt. Man ruft dazu seinen Namen und lockt ihn heran. Der heraneilende Hund wird belobt. Wenn sich der Hundeführer auf den Erdboden legt, also „klein macht" reizt dies den Hund besonders, heranzukommen.

Wesentlicher Grundsatz der Behandlung des Junghundes ist, diesen möglichst am Tage alle zwei bist drei Stunden sowie ferner im Anschluß an das Füttern nach draußen zu bringen, damit er seine Notdurft verrichten kann. Das Erziehen zur Stubenreinheit wird dadurch erleichtert.

Für die Abrichtung und Führung des Teckels werden neben der Grundausrüstung des Jägers (Waffe, Munition, Rucksack usw.) benötigt:

— ein nicht zu eng geschnalltes, breites Lederhalsband mit einem Blechschild (mit Anschrift, Telefonnummer des Besitzers und Rufname des Hundes),
— Stachelhalsband zur Hundeabrichtung,
— eine kurze Ausgehleine,
— eine umhängbare Führerleine (Abb. 22),

— einen mindestens 6 m langen und maximal 1 cm breiten Schweißriemen mit breiter Schweißhalsung (vgl. auch Abb. 26, 27),
— Hundepfeife,
— leichter Apportierbock,
— Maulkorb (bei Bedarf),
— zusätzliche Verbandspäckchen.

Das Ende des Schweißriemens (Handhabe) sollte glatt auslaufen, also z. B. keine Schlaufe haben. (Gefahr des Hängenbleibens bei der Nachsuche!) Ist eine solche vorhanden, so sollte man sie öffnen. Schweißriemen und Schweißhalsung bleiben ständig zusammen. Nur zur Pflege wird der Riemen von der Halsung gelöst. Aufgedockt trägt man den Schweißriemen links.

Das gesamte Lederzeug des Hundes schmiere man regelmäßig mit Lederöl ein, damit es geschmeidig und haltbar bleibt.

4.2. Allgemeine Abrichtung
4.2.1. Stubenreinheit

Von Natur aus ist der Hund reinlich und wird sein Lager nie beschmutzen. Den Jagdhund sollte man daher stets nach dem Füttern und außerdem täglich möglichst alle zwei bis drei Stunden hinausführen. Nach 17.00 Uhr verabreiche man keine Mahlzeiten mehr und absolviere um 22.00 Uhr den letzten Spaziergang. Morgens wird der Hund sehr zeitig ins Freie geführt. Bald wird man bestimmte Stellen erkennen, an denen er sich regelmäßig löst.

Sollte der Junghund sich im Zimmer „verewigt" haben, so muß diese Stelle durch einen der Hundenase unangenehmen Geruch, mit einem Desinfektionsmittel, verwittert werden. Es ist sinnlos, den Hund in althergebrachter Weise mit der Nase in seinen Kot hineinzustoßen und ihm einen Klaps zu geben. Das Vertrauen zum Meutegenossen wird dadurch getrübt. Es kann im Wiederholungsfalle dazu kommen, daß sich der Hund verkriecht bzw. handscheu wird. Sollte der rückfällig gewordene Zögling beim Spielen im Zimmer aufgeregt mit der Nase am Boden nach seinem „verbotenen Notdurftplatz" suchen, so trage man ihn schnellstens hinaus. Nach dem Nässen und Lösen wird der Hund gelobt.

Bei etwas Einfühlungsvermögen ist es im allgemeinen möglich, den Junghund kurzfristig stubenrein zu machen.

4.2.2. Herankommen auf Ruf und Pfiff

Auf Ruf und Pfiff muß der Hund sofort zu uns herankommen. Man übe dies zunächst im Hof und Garten, wo Spuren, Fährten und Geläufe den Teckel nicht ablenken können. Danach wird die Übung im Jagdrevier wiederholt. Wir geben dem Hund hier Gelegenheit, Fährten und Spuren zu verfolgen. Wenn sein Interesse daran nachläßt, er den Kopf hochnimmt und dem Orientierungsreflex folgend um sich äugt, so rufen oder pfeifen wir. Hat der Hund uns eräugt, so rufen wir „Hieran!" und entfernen uns in gebückter Haltung. Dabei wird mit der linken nach unten gerichteten Hand von vorn nach hinten eine pendelnde Bewegung ausgeübt, die zusätzliche Signalwirkung hat. Pfiff bzw. Ruf sowie unser Entfernen und Kleinerwerden lösen beim Hund den Gemeinschaftsreflex aus. Wir erwarten den herankommenden Hund in Hockstellung, rufen „Hieran mein Hund, so ist's brav!" und geben ihm den Belobigungshappen. Bei den folgenden Übungen wird der Hund auch dann herangerufen bzw. — gepfiffen, wenn er abgelenkt ist.

Ungehorsam darf bei dieser Übung keinesfalls geduldet werden, da der Hund sonst schnell merkt, daß er sich der Einwirkung seines Abrichters entziehen kann.

4.2.3. Setzen

Der Hund muß sich auf das Hörzeichen „Sitz!" sofort auf die Keulen setzen und in dieser Stellung solange vor dem Abrichter verharren, bis ein neues Kommando gegeben wird.

Zur Abrichtung muß der angeleinte Hund neben dem linken Bein des Hundeführers stehen. Nach einer halben Linksdrehung übernimmt nun der Hundeführer mit der rechten Hand die Führerleine und zieht damit rückwärtig den Kopf des Hundes etwas hoch. Zugleich übt er bei dem Kommando „Sitz!" mit der linken Hand einen leichten Druck auf die Nierenpartie des Hundes aus. Dies erfolgt solange, bis der Hund sitzt. Er soll etwa dreißig Sekunden in der Stellung verbleiben. Dabei wird er gelobt und erhält nach Abschluß der Übung einen Happen. In folgenden Übungen übt man das Setzen aus der Bewegung heraus. Der mit dem Hund in gerader Richtung vorwärts schreitende Abrichter ruft „Sitz!" und bleibt stehen. Durch kurzes Rucken an der Führerleine wird dies unterstützt. Später muß der Hund lernen, sich auf das bloße Stehenbleiben des Hundeführers zu setzen. Auch der herangerufene bzw. gepfiffene

Hund muß dazu erzogen werden, sich auf Kommando zu setzen. Der Abrichter stellt sich hierzu breitbeinig hin. Dies ist nötig, damit der Hund nicht vorbeiläuft und sich neben den Hundeführer setzt. Der Abrichter klopft nun mit der linken Hand
wiederholt auf den linken Oberschenkel. Beim Herankommen
des Hundes erhebt er den rechten Zeigefinger und ruft „Sitz!"
Bei nicht schnell genug herankommenden Hunden entfernt
sich der Abrichter, auf den Oberschenkel klopfend, nach rückwärts. Gleichzeitig lobt er den heraneilenden Hund „So recht,
hieran!" Sollte der Hund sich selbständig aus der Sitzstellung
erheben, so muß das Hörzeichen „Sitz!" sofort wiederholt werden. Der Hund darf sich auch nicht niederlegen. Beim angeleinten Teckel wird dies durch Hochhalten des Kopfes mit der
Leine verhindert. Den geschnallten Hund tritt man auf die Zehen seiner Vorderläufe.
Zu diesem auch bei anderen Übungen benutzten Dressurmittel
muß prinzipiell gesagt werden, daß es äußerst vorsichtig zu geschehen hat und der Hund dabei keinesfalls verletzt werden
darf. Man tritt deshalb nicht direkt mit dem Fuß auf die Zehen
des Hundes, sondern schlägt vielmehr leicht mit der Schuh-
sohle darauf. Stets darf dies nur auf weichem Boden erfolgen.

4.2.4. Leinenführigkeit und „Frei-bei-Fuß-Gehen"

Zunächst muß der Hund an die Halsung gewöhnt werden. Man
hebt ihn dazu hoch, wobei eine Hand unter die Brust greift und
die andere in Richtung des Weidlochs abstützt (Abb. 23). Eine
zweite Person schnallt dem Hund dann die Halsung um. Auch
kann die Halsung über den Kopf gestreift werden, was jedoch
nicht so vorteilhaft ist. Der wieder auf den Boden gesetzte
Hund wird gelobt.
Die Halsung darf nicht so eng umgeschnallt werden, daß sie
die Atmung des Hundes behindert. Auch darf die Halsung nicht
zu weit sein, da der Hund sonst den Kopf herauszieht. Dies
kann sich später in kritischen Situationen, z. B. beim Anpir-
schen eines Stückes Wild, aber selbst beim Vorbeifahren eines
Autos, verhängnisvoll auswirken.
Nachdem unser Hund an das Tragen der Halsung gewöhnt ist,
muß er mit der Leine vertraut gemacht werden. Hierzu wird der
Hund herangerufen und das Kommando „Sitz!" erteilt. Den sitzenden Hund ergreifen wir mit einer Hand an der Halsung und
befestigen daran mit der anderen die Leine. Der angeleinte

Abb. 23   Richtiges Hochheben des Teckels

Hund wird nun ausgeführt. Anfänglich darf er nicht zu lange angeleint bleiben. Auch muß vermieden werden, daß der Hund
mit voller Kraft in den Riemen springt; das ist für ihn unangenehm. Alle Abrichtemaßnahmen aber müssen beim Hund ein
lustbetontes Verhalten auslösen. Wie führt der firme Teckel
später einen wahren „Freudentanz" auf, wenn wir vor dem Ausgang, der Jagd, nach Leine und Halsung greifen! Strahlenden
Blickes wird er sich schon ohne Kommando setzen, erwar-
tungsfroh die Halsung umlegen lassen und willig an der Leine
folgen.
Keineswegs darf der Abrichter dulden, daß der Hund in die
Leine beißt und darauf herumkaut. Dies wird später zur Ge-
wohnheit und führt zum Zerbeißen der Leine.
Altem Brauch gemäß muß der angeleinte Hund an der linken
Seite seines Führers laufen. Der Kopf des Hundes muß dabei mit
den Beinen seines Führers eine Linie bilden. Der Hund darf
weder vorprellen noch zurückbleiben. Geht der Hundeführer
durch Dickicht, dann muß der angeleinte Hund so folgen, daß
er sich mit der Führerleine nicht verfangen kann und seinen
Herrn beim Gehen nicht behindert.
Zur Abrichtung empfiehlt sich das Stachelhalsband. Der Abrichter geht mit dem Zuruf „Fuß!" und mit dem Hund an der
Leine geradeaus. Der Hund wird dabei mit der linken Hand in
die vorgeschriebene Stellung dirigiert. Will dieser vorlaufen, so
macht der Abrichter eine scharfe Linkswendung und tritt dem
Hund auf die Zehen des rechten Vorderlaufes. Weitere Übun-

gen werden im Laufschritt ausgeführt. Besonders wichtig ist nun das Üben der Links- und Rechtswendungen. Der Abrichter gibt dazu das Kommando „Fuß!" und wendet sich kurz nach links. Sollte der Hund hier vorprellen, so tritt der Führer auf die Zehen des rechten Vorderlaufes. Im weiteren Verlauf der Übungen werden Rechtswendungen geübt. Der hier vorprellende oder links ausweichende Hund bekommt das Stachelhalsband zu spüren. Brav alle Kommandos ausführende Hunde werden abgeliebelt und erhalten einen Belobigungshappen. Mit besonderer Sorgfalt muß schließlich das Umgehen von Hindernissen wie Bäumen usw. mit Links- und Rechtswendungen geübt werden.

Ein Fehler ist es, Hunde ständig so fest an der Leine zu halten, daß sie durch das Stachelhalsband Schmerzen empfinden. Bei einem eingeschüchterten, mit eingekniffener Rute und hängendem Kopf hinter dem Abrichter einherschleichenden Hund sollte man die Ausbildung abbrechen und erst nach einigen Tagen wieder fortsetzen.

Beim „Frei-bei-Fuß-Gehen" soll der Hund auf das Hörzeichen „Fuß!" unangeleint an der linken Seite des Abrichters verbleiben, bis ein anderes Kommando gegeben wird. Auch hier soll der Kopf des Hundes mit dem Bein des Abrichters eine Linie bilden. Zur Abrichtung geht man mit dem Hund zunächst geradeaus und vollführt dann Links- und Rechtswendungen. Dies geschieht zuerst im Schrittempo und danach im Laufschritt. Nunmehr schnallt man den Hund und lobt ihn. Auf das Kommando „Fuß!" muß anschließend der unangeleinte Hund neben dem zunächst geradeaus schreitenden Abrichter gehen. Danach macht man mit dem geschnallten Hund auch Links- und Rechtswendungen, im Schrittempo sowie Laufschritt. Der gehorsame Hund wird stets gelobt und erhält einen Happen. Ungehorsam sollte unnachsichtig bestraft werden. Dies gilt insbesondere, wenn der Hund sich durch andere Passanten, eine vorbeilaufende Katze usw., verleiten lassen sollte, vorwärts, rückwärts oder seitlich auszubrechen.

4.2.5. Wachsamkeit

Dem Hund ist der Wachtrieb angewölft. Er verteidigt von klein an sein Lager, das Futter, den Knochen gegen Fremde. Bedingung ist allerdings, daß ihm verboten wurde, sich von Fremden streicheln oder gar füttern zu lassen. Auch sollte man ihn von Anfang an loben, wenn er anschlägt oder Fremde anknurrt.

Reagiert er nicht, mache man ihn auf Geräusche aufmerksam und bringe ihn durch ermunterndes Zureden „Gib Laut!" zum Lautgeben. Wurde bei Teckeln das Anschlagen von Anfang an unterdrückt, so ist es später schwer, sie zum Lautgeben zu veranlassen. Natürlich muß auch das ununterbrochene Kläffen des Hundes verhindert werden. Dies geschieht mit dem energischen Kommando „Aus!" Notfalls muß die zusammengefaltete Zeitung wieder in Aktion treten.

Bei Teckeln, die jeden Besucher als ihren „Freund" ansehen, sich von jedermann streicheln und füttern lassen, beim Läuten der Haustürglocke fröhlich Laut geben, muß man zu einem unschönen, aber wirksamen, Mittel greifen. Man bitte einen Besucher, den freudig herbeieilenden Junghund fortzujagen, ihm notfalls einen tüchtigen Klaps zu geben. Durch diese herbe Enttäuschung wird der Teckel mit Sicherheit gegenüber Fremden mißtrauisch und wachsam.

4.2.6. Anspringen

Das Anspringen ist eine unangenehme Eigenschaft zahlreicher Hunde; Ausdruck ihrer Begrüßung und Freude. Dabei machen sie natürlich keinen Unterschied, ob wir einen Arbeitskittel oder neuen Anzug anhaben. Völlig falsch wäre es, den freudig anspringenden Hund zu schlagen. Er könnte dadurch handscheu werden. Das gewünschte schnelle Herankommen auf Ruf und Pfiff würde darunter leiden.

Um dem Hund diese Unart abzugewöhnen, treten wir ihn (wie schon beschrieben) während des Anspringens auf die Zehen eines Hinterlaufes. Anschließend wird das Kommando „Sitz!" erteilt sowie unser Gefährte gestreichelt. Dadurch beeinflussen wir das freudige Herankommen sowie Vertrauen unseres Hundes keineswegs negativ, sondern verhindern nur das Anspringen. Die gleiche Übung muß allerdings durch einige Gehilfen und Bekannte wiederholt werden. Nur so lernt unser Teckel, daß er außer Herrchen, auch andere Personen nicht anspringen darf.

4.2.7. Mitführen in Fahrzeugen

Der Hund muß rechtzeitig an das Mitführen in den verschiedensten Verkehrsmitteln gewöhnt werden.

Das Mitlaufen am Fahrrad erfolgt stets auf der rechten Seite. Der Hund muß dazu leinenführig sein. Beim kurzläufigen Teckel

ist es nur auf kurze Strecken und im gemäßigten Tempo angebracht. Auf das Kommando „Geh Rad!" halten wir den angeleinten Hund mit der rechten Hand fest und mit der linken Hand
das Fahrrad am Sattel. Dann führen wir den Hund am Hinterrad
vorbei zur rechten Seite des Fahrrades.

Auf dem Fahrrad transportieren wir den Teckel im Rucksack. In
diesem sollte sich ein Gestell befinden, daß dem Hundeführer
sowie dem Hund ein bequemes Tragen ermöglicht. Dabei und
gleichermaßen beim Hinauftragen des Hundes auf den Hochsitz darf nie — wie es häufig noch geschieht — der Kopf des
Hundes aus dem Rucksack herausschauen. Dies kann dazu führen, daß der Hund versucht, den Rucksack zu verlassen, dabei
Schaden nimmt oder sich an der Verschnürung verletzt, bzw.
regelrecht aufhängt. Natürlich ist der Rucksack nur soweit
(fest!) zuzuschnüren, daß der Hund genügend Luft bekommt.
Mit dem Moped wird der Hund ebenfalls im Rucksack transportiert.

Beim Benutzen eines Solokrades führt man den Hund angeleint
in einer aufgebauten Transportkiste mit. Diese ist unten gepol-
stert und oben mit einem Plantuch abgedeckt. Beim Fahren mit
dem Gespann (Beiwagenkrad) wird der Hund in den Beiwagen
gehoben und dort so kurz angeleint, daß er weder links noch
rechts an der Windschutzscheibe vorbei- bzw. über diese hin-
wegäugen kann. Nie darf der Hund aus der Transportkiste bzw.
dem Beiwagen (durch zu langes Anleinen!) herausäugen. Besondere Ereignisse, z. B. ein über den Weg laufendes Stück
Wild könnten ihn veranlassen, herauszuspringen. Er würde
dann plötzlich außerhalb des laufenden Fahrzeugs hilflos an
der Leine hängen. Dies kann für den Hund unter Umständen sogar tödlich ausfallen, bzw. einen sonstigen Verkehrsunfall verursachen. Hinzu kommt, daß durch Staub- und Luftzug beim
Hund Bindehautentzündungen der Augen hervorgerufen werden können.

Im Kombi-PKW befördert man den Hund angeleint im Lade-
raum. In der Limousine soll der Hund gleichfalls angeleint,
zweckmäßigerweise im hinteren Wagenteil, transportiert werden. Die Fenster dürfen während der Fahrt nicht geöffnet werden. Es bestehen hier sonst ähnliche Gefahren, wie sie bereits
beim Transport mit Krad und Gespann beschrieben wurden.
Unbedingt abzulehnen ist der Transport im Kofferraum. Nie
darf der Hund eigenmächtig in das Transportmittel einsteigen,
sondern nur auf unsere Aufforderung.

Vor der Fahrt sprechen wir dem Hund beruhigend zu. Wenn er

besonders unruhig wird, müssen wir anhalten und nach-
schauen. Vielleicht sitzt er in einer unbequemen Lage, aus der
wir ihn dann befreien. Im Revier angelangt, wird der Hund gelobt und auf den Boden gesetzt. Auch verlassen darf der Hund
das Fahrzeug nur auf unsere Weisung.

4.2.8. Verhalten an Hausgeflügel

Hunde, die mit Geflügel aufgewachsen sind, sind im allgemeinen
geflügelfromm. Bei Teckeln entsteht das Jagen an Hausgeflügel
durch falsche Haltung und Führung. Vor allem muß man vermeiden, den Hund unbeaufsichtigt an Geflügel heranzulassen.
Den Junghund führe man mit Stachelhalsband und Leine an
Haushühner heran. Sie erschrecken besonders leicht und flat-
tern davon. Der Hund muß dabei bei Fuß gehen und wird dafür
entsprechend gelobt. Wenn der Hundeführer in der Nähe von
Hühnern zu laufen beginnt, fliegen diese besonders wild davon.
Auch hier darf der Hund nicht nachprellen. Wenn er dies tut,
wird er mit einem „Pfui, was ist das!" sowie Ruck an der Leine
bestraft. Die Übungen müssen dann auch mit dem frei-bei-
Fuß-gehenden Hund ausgeführt werden.

4.3. Jagdspezifische Abrichtung
4.3.1. Führerfährte und Hasenspur

Zweck der Führerfährte ist das Ausarbeiten sowie Halten einer
menschlichen Fährte und Auffinden der Person. Hierdurch wird
die Arbeit mit der Schleppe, aber auch der späteren Schweißfährte, vorbereitet.
Zur Abrichtung wird eine Hilfsperson benötigt. Dieser übergibt
der Abrichter den Hund und entfernt sich dann mit Nackenwind
und in Deckung etwa 50 m weit. Dort legt er sich so hin, daß der
Hund ihn nicht äugen kann. Nun setzt die Hilfsperson den Hund
auf die „Fährte". Der beim Abrichter angelangte Hund erhält
einen Belobigungshappen. Die Übung wird später mit Verlängerung der Fährte auf 100 bis 200 m, dem Einlegen von Haken
sowie einer halbstündigen Wartezeit bis zum Einsatz des Hundes, erweitert.
Der Hasenspurlaut, das Verfolgen einer frischen Hasenspur
ohne das Wild äugen zu können, ist eine wichtige Eigenschaft
des Teckels. Sie ist nötig, für seinen Einsatz beim Stöbern und
Brackieren. Der Waidmann kann so vor allem im Walde erken-

nen, wohin die Jagd geht. Sichtlaute Hunde sind solche, die nur Wild jagen, das sie äugen können. Ihr jagdlicher Einsatz, vor allem aber der stummjagender Hunde, ist begrenzt. Unerwünscht sind ferner weidlaute Hunde. Diese geben, durch die jagdliche Atmosphäre überregt, Laut, ohne eine Spur gefunden zu haben. Sie suchen herum und stören den Jagdablauf.

Es ist bekannt, daß der Hase im Vergleich zu anderem Wild, insbesondere dem Rehwild, sehr wittrungsschwach ist. Seine Wittrung hält nicht lange vor, „sie steht nicht gut". Hasenspuren werden daher im Gegensatz zum Schalenwild (kalte Gesundfährte) „warm" gearbeitet. Auch bei einzelnen Hasen kann die Wittrung individuell unterschiedlich sein. Offenbar ist bei kurz vor dem Setzen stehenden oder säugenden Häsinnen die Wittrung, vielleicht aus Sicherheitsgründen gegenüber dem Raubwild, besonders schwach.

Die Hasenspur ist ein wichtiges Prüfungsfach (vgl. Kapitel 7) Der Spurlaut des Teckels ist vor allem Veranlagung. Er muß schon beim jungen Hund geweckt werden. Bei jedem Reviergang ins Feld lasse man den Gefährten Hasenspuren ausarbeiten. Nur plötzlich im Walde auftauchenden Hasen sollte man den Teckel nicht nachschicken. Besteht hier doch die Gefahr, daß er recht bald von der weniger attraktiven Hasenspur auf eine überaus anziehende, frische Rehfährte changiert.

Fährt ein Hase aus der Sasse, so begebe man sich dorthin, um den Hund 10 bis 20 m davor zu schnallen. Der Teckel muß nun die Sasse und Spur des flüchtenden Hasen suchen sowie diese lauthals und anhaltend verfolgen. Wenn dies nicht gelingt, trage man den Hund zur Sasse und setze ihn dort an. Der Hund soll die Hasen möglichst nicht äugen können. Er wird die Spur aufnehmen, sie an den Haken verlieren und wieder finden. Vielfach jagt er zunächst stumm; mit dem stärkeren Ansaugen an die Spur aber kommt das Interesse und es erklingt der Spurlaut. Herrchen bleibt bis zur Rückkehr des Hundes stets am gleichen Platze stehen. Sollte der Laut trotz öfteren Übens nur ungenügend und nicht ausdauernd sein, so schieße man einen Hasen vor dem Hund. Dies wird seine Passion anregen, besonders wenn der Hase — natürlich unabsichtlich — nicht tödlich getroffen ist und noch ein Stück weiter läuft.

4.3.2. Ablegen

Das Ablegen des Teckels ist für seinen späteren jagdlichen Einsatz, insbesondere das Mitführen auf Pirsch, Ansitz sowie

Drückjagden, von großer Bedeutung. Es wird dabei verlangt, daß er bei einem abgelegten Gegenstand (z. B. Rucksack), aber auch ohne diesen, angeleint bzw. ohne Leine an einem vom Hundeführer angewiesenen Platz solange verbleibt, bis er wieder abgerufen oder abgeholt wird. Er muß dort liegend mit erhobenem Kopf verharren und darf sich nicht zum Verlassen des Platzes verleiten lassen.

Zur Abrichtung sucht der Hundeführer zunächst einen geeigneten Platz in der Nähe eines viel begangenen Wechsels auf. Neben ihm legt er den Hund an der Führerleine unter dem Kommando „Ablegen, bleib!" ab. Der Hund darf bei erscheinendem Wild nur den Kopf bewegen. Andere Bewegungen sowie jegliche Lautäußerung werden durch Ruck an der Leine, ein „Pfui, was ist das!" oder anderweitig gestraft. Gehorsame Hunde liebelt man ab und gibt ihnen einen Belobigungshappen.

Nachdem diese Übung mehrfach erfolgreich abgelaufen ist, wird der Hund neben dem Rucksack mit einer lederumnähten Kette an einem Baum angebunden. Der Abrichter entfernt sich nun und geht in Deckung. Er muß dabei jedoch stets das Verhalten des Hundes beobachten können. Die Übung wird von anfangs fünf Minuten später auf mehrere Stunden ausgedehnt. Es entfällt dann auch die lederumnähte Kette. Der Hund wird stets abgeholt, er darf nie abgerufen oder abgepfiffen werden. Nach erfolgreicher Übung wird der Teckel tüchtig gelobt und erhält seinen verdienten Happen.

4.3.3. Mitführen auf Pirsch, Ansitz sowie Treib- und Drückjagden

Bei der Pirsch muß der Hund zum zuverlässigen Begleiter werden, ohne die Jagdausübung zu stören. Zur Abrichtung läuft der Hund bei der Pirsch an der linken Seite des Jägers. Wenn der Teckel durch Stehenbleiben und mit hoher Nase anzeigt, daß er Wild gewittert hat, so wird er mit dem Hörzeichen „So recht, mein Hund!" gelobt. Sollte der angeleinte Hund durch vor uns flüchtendes Wild verleitet werden, an der Leine zu zerren bzw. Laut zu geben, so bestrafen wir ihn durch „Pfui, was ist das!" Danach setzen wir mit dem Kommando „Fuß!" die Pirsch fort.

Nach mehrminütiger Pirsch legen wir den Hund an einem bestimmten Punkt im Walde mit dem Kommando „Ablegen, bleib!" ab. Die ausgestreckte Hand des Hundeführers zeigt dabei schräg rückwärts nach unten. Wir entfernen die Führerleine und befestigen den Hund mit einer lederumnähten Kette an einem Stamm. Danach gehen wir weiter pirschend aus dem Gesichtsfeld des Hundes. Es ist günstig, dabei den Hund weiter beobachten zu können, ohne das er dies bemerkt. Der sich ordnungsgemäß verhaltende Hund wird nach fünf bis zehn Minuten wieder abgeholt und erhält einen Belobigungshappen.

In weiteren Übungen verlängern wir das Ablegen auf dreißig bis sechzig Minuten und geben während unserer Abwesenheit Schüsse ab.

Wenn der abgelegte Hund bei unserem Weiterpirschen zu winseln oder Laut zu geben beginnt, kehren wir um und bestrafen ihn z. B. durch den scharfen Ruf „Pfui, was ist das!"

Beim Anstand soll der Hund lernen, angesichts von Wild Ruhe zu bewahren. Zur Abrichtung setzt man sich unter Berücksichtigung der Windrichtung zu ebener Erde an. Der Hund wird so an einen Baum oder dergleichen angebunden, daß er links neben seinem Führer sitzt. Wenn Wild austritt und der Hund unruhig wird oder sogar zu winseln bzw. zu knurren beginnt, versuchen wir leise im Flüsterton auf ihn einzuwirken. Die gebräuchlichen Hörzeichen sind hier „Schön brav, der Hund!" und „Ruhig, schone!" Das „schone" wird dabei betont lang ausgesprochen. Zu weiteren Übungen geben wir angesichts des Wildes einen Schuß ab; der Hund soll sich dabei ruhig verhalten.

Sehr wichtig ist es, beim Ansitz den Hund an den Hochsitz zu gewöhnen. In der Regel werden wir ihn dazu mit dem Rucksack wie schon beschrieben auf den Hochsitz tragen. Nie sollte man — auch bei niedrigen Ansitzhilfen — den Teckel unter den Arm nehmen und dann einhändig die Leiter emporklettern. Auf dem Hochsitz wird der Wild witternde, vernehmende oder eräugende Hund beruhigt. Er muß es lernen, Wild nur durch aufmerksames Äugen in eine bestimmte Richtung, Wittern, Spielen mit den Behängen, Kopfdrehen zu seinem Herrn, Stoßen mit dem Fang an das Bein des Jägers und eventuell kaum hörbares Winseln anzukündigen. Für diese äußerst nützliche Leistung (vgl. Kapitel 5) loben wir ihn. Unerwünschtes Lautgeben wird bestraft. Auch bei abspringendem Wild muß der Hund sich ruhig verhalten. Auf Drückjagden und anderen Gesellschaftsjagden muß der Hund mit dem Ablauf vertraut gemacht werden und sich vor Wild und nach dem Schuß ruhig verhalten. Zur Abrichtung lege man den Hund angeleint auf dem Stand neben sich mit dem Kommando „Ablegen!" ab. Den sich bei Anlauf von Wild bzw. Abgabe eines Schusses ruhig verhaltenden Hund loben wir. Das Winseln oder Lautgeben bzw. Springen des Hundes in die Leine wird bestraft. Auch das Anknurren fremder Hunde sowie das Schnappen nach ihnen muß unterbunden werden.

Den fortgeschrittenen Hund legen wir am Stand unangeleint ab. Er wird jedoch nach Beendigung des Treibens stets wieder angeleint.

4.3.4. Schußfestigkeit

Schußfest ist ein Hund, der sich nach Abgabe des Schusses völlig ruhig verhält und weder Schußhitze noch Schußscheu zeigt.

Schußhitzig sind Jagdhunde, die nach dem Schuß sofort vorprellen, um an das beschossene Wild zu gelangen. Ein solcher, ungenügend abgerichteter, Hund kann Jagdunfälle verursachen, indem er den Hundeführer im Moment der Schußabgabe umreißt bzw. dessen Schuß verreißt. Zur Sicherung sollte der Jäger die Leine unter dem Schuhsteg seines Standbeines hindurchführen. Der Ruck auf den Oberkörper wird dadurch abgeschwächt. Schußscheue Hunde erschrecken beim Knall des Schusses und zeigen Angstsymptome.

Zum Abrichten auf Schußfestigkeit geht man mit dem Hund z. B. an eine Waldkante, bezieht dort einen Stand und legt ihn ab. Ein Gehilfe gibt dann zunächst aus größerer, später geringerer Entfernung, vorerst mit dem Kleinkalibergewehr und sodann mit dem Jagdgewehr, Schüsse ab. Bei besonders empfindsamen Hunden sollten die ersten Übungen sogar nur mit dem Luftgewehr ausgeführt werden. Der Hund muß hierbei stets ruhig bleiben und wird dafür gelobt.

Wenn sich ein Hund trotz aller Bemühungen und häufiger Wiederholung der Übungen bei Schüssen immer wieder unruhig zeigt, stark winselt, Laut gibt usw. so ist dies ein Zeichen von Nervenschwäche. Ein solcher Hund ist für die Jagd ungeeignet.

4.3.5. Vertrautmachen mit dem Wasser

Der Teckel wird im allgemeinen nicht zur Wasserarbeit eingesetzt. Doch wasserfreudige Teckel sind in der Lage, aus nicht zu dichtem Schilf und über geringe Strecken einzelne Enten gut zu apportieren. Sie bringen sie im allgemeinen nur bis zum Ufer, wo sie abgelegt werden. Für den Jäger, der nur gelegentlich einige Enten schießt und ausschließlich einen Teckel führt,

ist diese Leistung des Hundes wichtig. Es muß daher auch die Wasserfreude des Teckels geweckt werden.
Wir begeben uns dazu bei warmem Wetter an ein Badegewässer mit flachem Ufer. Mit dem Hund an der Leine gehen wir langsam so tief ins Wasser, daß dieser noch stehen kann. Der Gefährte wird für diese erste Leistung kräftig gelobt. Bei weiteren Übungen schreiten wir mit dem Hund ohne Halsung und Leine ins Wasser. Durch Bücken, Klatschen auf die Schenkel und den Ruf „Komm, mein Hund!" fördern wir das Nachkommen des Teckels und loben ihn, wenn er angelangt ist. Schließlich begeben wir uns soweit in das Gewässer, daß der Hund schwimmen muß, um uns zu erreichen. Zunächst sollte die Schwimmstrecke nur wenige Meter betragen, sie wird dann auf 20 bis 30 m Gesamtlänge ausgedehnt.
Gefördert werden kann die Abrichtung durch Mitnahme eines älteren, wasserfreudigen Hundes an die Wasserstelle. Den älteren Hund schickt man dann zum Stöbern in das Wasser. Meist wird der Junghund ihm folgen.

4.3.6. Apportieren

Auch vom Teckel erwarten wir die Leistung, kleineres Niederwild (Kaninchen, Schnepfe, Ente, Krähe usw.) zu apportieren. Zum Abrichten für das Apportieren gibt der Hundeführer dem Hund das Kommando „Sitz!" und macht dann eine halbe Linkswendung zum Hund. Gleichzeitig zieht er ruckartig die Leine mit der linken Hand an und gibt dem Hund den Apportiergegenstand in den Fang. Anschließend wird der Hund gelobt. Beim weiteren Abrichten muß der Hund den Apportiergegenstand eine längere Zeit halten und danach 50 bis 100 m tragen. Nunmehr wird der Hund an das Aufnehmen des Apportiergegenstandes (leichter Apportierbock) vom Boden gewöhnt. Anschließend richtet man den Hund so ab, daß er vom Hundeführer weggeworfene Apportiergegenstände sofort aufnimmt und heranbringt. Auf das Kommando „Aus!" muß der Hund den Apportiergegenstand an den Hundeführer abgeben. Um dies zu erreichen, empfiehlt es sich, dem Hund bei den ersten gelungenen Übungen immer wieder einen Belobigungshappen zu geben. Er muß erkennen, daß sich das Heranbringen und Abgeben des Apportiergegenstandes für ihn gelohnt hat.
Keineswegs darf der Jäger dulden, daß Hunde sich weigern, den Apportiergegenstand abzugeben bzw. ihn verscharren.

4.3.7. Schleppe und Schweißarbeit

Schleppe

Schon mit drei Monaten kann man dem Hund eine Futterschleppe mit Nackenwind von wenigen Metern legen. An ihrem
Ende steht die gefüllte Futterschüssel. Man soll den Hund erst
nach einiger Zeit an die „Fährte" setzen, damit er der
„Schleppe" nicht mit hoher Nase folgen kann.
Das Abrichten auf der Schleppe soll den Hund für die Schweißarbeit vorbereiten. Die Schleppe soll möglichst nicht der Hundeführer, sondern ein Gehilfe legen. Zunächst wird ein markier-
ter Anschuß hergestellt, indem man dem „Schleppenwild" —
z. B. einem Kaninchen bzw. einem Hühnerkopf — etwas Wolle
oder einige Federn herausrupft und sie auf den „Anschuß" legt.
Man kennzeichnet diesen ferner durch das Einstecken des
Jagdstockes oder dergleichen. Das Schleppenstück — notfalls
kann man hierfür auch ein Stück Lunge oder anderes rohes
Fleisch verwenden — wird am „Anschuß" umhergeschwenkt
und dann an einer Schnur mit Nackenwind davon gezogen. Die
Schleppe sollte ursprünglich nur 30 m, später aber bis zu 300 m
betragen. Es werden dann auch Haken eingelegt. Bei längeren
Schleppen empfiehlt es sich, das Stück Fleisch usw. ab und zu
etwas anzufeuchten. Am Ende der Schleppe wird das geschleppte Wild hingelegt.
Nach Fertigstellen der Schleppe geht der Hundeführer mit dem
angeleinten Hund zum Anschuß. Dieser wird daneben abgelegt
und erhält Schweißhalsung und -leine. Die Schleppe soll dann
am langen Riemen vom Hund ausgearbeitet werden. Am Ende
der erfolgreichen Schlepparbeit liebelt man den Hund ab und
gibt einen Belobigungshappen.

Schweißarbeit auf der künstlichen Wundfährte

Die künstliche Wundfährte ist wichtigstes Hilfsmittel der Vorbereitung bzw. Einarbeitung für die Schweißarbeit. Sie ermöglicht es, den Hund auch während der jagdarmen Zeit einzuar-
beiten. Man kann seine Arbeit exakt übersehen und kontrollieren, die Leistungen von einfachen zu komplizierten Aufgaben
steigern und so den Teckel für die Jagdpraxis systematisch vorbereiten.
Spätestens im Alter von acht bis zehn Monaten sollte mit der
Arbeit auf der künstlichen Schweißfährte begonnen werden.
Beim gut veranlagten Teckel, der allgemein weit überdurch-

schnittliche Leistungen eines Schweißhundes erbringen kann, sollte die Schweißarbeit gegenüber der Stöberarbeit stets Vorrang haben. Es ist äußerst schwer, einen anfänglich allzu häufig zum Stöbern geführten Hund dann noch zum leistungsfähigen Schweißhund zu entwickeln.

Die künstliche Schweißfährte ist genau zu kennzeichnen, besonders bei der Übernachtfährte. Ist ja am nächsten Morgen — besonders nach Regenfällen — kaum noch Schweiß zu sehen. Hundeführer bzw. Leistungsrichter bei Hundeprüfungen müssen aber die Möglichkeit haben, die Arbeit der Hunde exakt zu kontrollieren. Man kennzeichnet den Fährtenverlauf am besten durch kleine Karten (5 cm × 5 cm) aus festem gelben oder weißem Karton, die mittels Reißzwecken an Bäume befestigt werden (Abb. 24). Zum Einarbeiten eines Hundes für die Schweißarbeit kann man die Karten zum Markieren der künstlichen Wundfährte vor den Bäumen befestigen. Auf Prüfungen werden sie möglichst unauffällig in Suchrichtung an der Baumrückseite angebracht.

Die Schweißfährte muß auch Haken und künstliche Wundbetten haben. Hier wird der Boden leicht verwundet und — wie auch beim Anschuß — etwas mehr Schweiß gespritzt. Den ersten Haken lege man nach 200 m an. Wenn bei Hundeprüfungen im gleichen Territorium mehrere künstliche Wundfährten angelegt werden, so ist zwischen diesen ein entsprechender

Abb. 24   Markieren der künstlichen Schweißfährte

Abstand zu halten, der je nach Schwierigkeitsgrad der Schweißprüfung in der Prüfungsordnung festgelegt wird. Die Übungsfährte sollte man ständig unter verschiedenartigen Verhältnissen, einmal auf der Wiese, dann im Wald sowie auch bei differenzierten Boden- und Unterwuchsverhältnissen legen.

Beim Ausarbeiten von Kunstfährten muß man den Hund in der Abrichtung vom Einfachen an das Komplizierte heranführen. Dies betrifft vor allem Länge, Verlauf und Stehzeit der Fährten, aber auch Windverhältnisse und die verwendete Schweißmenge. Sie sollte zunächst reichlicher sein. Schließlich wird die 1000 m lange Kunstfährte dann nur mit ¼ Liter Schweiß angelegt. Die ersten künstlichen Schweißfährten mache man immer mit Gegenwind, so daß das Duftfeld dem Hund direkt in die Nase steht. Später gehe man zu Seitenwind über und schließlich zu Arbeit mit Nackenwind wie auf Prüfungen. Auch sollte man bemüht sein, Kunstfährten zunächst in wenig wildreichen Gebieten arbeiten zu lassen, um das Ablenken des Hundes durch frische Gesundfährten zu vermeiden. Der verwendete Schweiß (Blut) für die Kunstfährte sollte zu einem Drittel aus Wildschweiß bestehen. Im übrigen muß Rinder- oder Hammelblut verwendet werden. Schweineblut ist weniger geeignet. Sollte jedoch kein anderes Blut zur Verfügung stehen, kann es ebenfalls benutzt werden. Ergebnisse und Versuche zeigen, daß richtig angelegte Kunstfährten mit Schweiß und Blut jeder Art gearbeitet werden. Bei Prüfungen wird in der Regel nur Schalenwildschweiß verwendet. Ist dieser nicht ausreichend vorhanden, kann er mit Hammel- oder Rinderblut gemischt werden. Beim alleinigen Benutzen von Hammel- oder Rinderblut muß in dieses eine Nacht vor dem Verwenden das Geräusch von frisch erlegtem Schalenwild gehängt werden. Wichtig ist es, darauf zu achten, daß Schweiß (nachfolgend wird auch für Blut diese Bezeichnung verwendet) zum Legen der Fährten stets flüssig bleibt. Um ein Dickwerden zu verhindern, kann man Kochsalz hinzufügen. Besser ist es, hierfür Natriumzitrat zu verwenden. Der so behandelte Schweiß wird dann kühl gelagert. Bei Prüfungen ist im allgemeinen ein Konservieren des Schweißes nur mit Kochsalz zulässig.

Um den Schweiß auf die Fährte zu bringen, gibt es verschiedene Mittel und Methoden. Am gebräuchlichsten sind Tupfstock und Spritzflasche. Zum Anlegen der Tupffährte benutzt man einen etwa meterlangen Spazierstock ohne Metallspitze mit unten befestigtem, kleinem Schwamm. Den Schweiß tragen wir in einem breiten Glas (oder Konservenbüchse), die das bequeme Eintauchen des Schwammes gestattet. Der Schwamm wird nach dem Eintauchen am Rande des Behälters abgestreift. Zum Tupfen wird der Boden zunächst nur leicht berührt — kurz vor dem neuen Eintauchen muß man jedoch kräftiger aufsetzen. Im Vergleich zur Spritzflasche ist der Verbrauch an Schweiß geringer und beträgt für 1000 m etwa $\frac{1}{4}$ Liter. Die Tupffährte hat den Vorteil, daß zugleich auch der Boden verwundet wird und noch geronnener Schweiß verwendbar bleibt. Nachteilig ist, daß beide Hände gebraucht werden.

Spritzfährten legt man am besten mit den im Handel erhältlichen Spritzflaschen (z. B. für Geschirrspülmittel) mit Schraubverschluß an. Man füllt die Flasche mit der erforderlichen Menge Schweiß, die vorher durch Quirlen und Sieben dünnflüssig gemacht worden ist.

Zum Anlegen der künstlichen Schweißfährte spritzt oder tupft man bei jedem zweiten Schritt. Später werden auch ein oder mehrere Spritzer (Tupfer) ausgelassen. Dies entspricht der natürlichen Wundfährte. Im allgemeinen ist die Spritzfährte vorzuziehen, zumal man dafür nur eine Hand benötigt und so schneller z. B. die Fährte markieren und damit insgesamt anlegen kann. Ein zu hohes Auffangen des Schweißes durch Kraut, Unterwuchs usw. vermeidet man durch das Spritzen in tiefgebückter Haltung (Abb. 25).

Es ist vorteilhaft, wenn ein Helfer die Kunstfährte anlegt. Dieser muß das allerdings dann sachgerecht vornehmen. Im übrigen hat sich gezeigt, daß bei Fährten längerer Stehzeit, besonders Übernachtfährten, die Schweißwittrung weitaus stärker ist als menschliche Wittrung.

Zum ersten Einarbeiten des Junghundes auf der künstlichen

Abb. 25   Spritzen der künstlichen Schweißfährte

Schweißfährte nutzen wir ein morgens geschossenes Stück
Schalenwild. Wir tupfen oder spritzen eine Kunstfährte (möglichst mit dem Schweiß dieses Stückes) von 80 m unter Nak-
kenwind. Den Verlauf der Fährte markieren wir wie bereits beschrieben. Nach zwei Stunden begeben wir uns mit dem Hund
zum „Anschuß" und legen ihn etwa 2 m davor neben dem aufgedockten (Abb. 26) und abgestreiften Schweißriemen außer
Wind ab. Nunmehr untersuchen wir sorgfältig den Anschuß;
der Hund muß uns dabei zusehen, es soll sein Interesse geweckt werden. Danach treten wir wieder zum Hund, docken
den Schweißriemen ab (Abb. 27), vertauschen die normale Halsung nebst Führerleine mit Schweißhalsung und Schweißriemen und gehen mit dem Teckel zum Anschuß. Jetzt muß der
Hund in aller Ruhe den Anschuß untersuchen und schließlich
die hier herausführende Wundfährte finden.
Ist dies geschehen, so rufen wir „Such, verwundt, mein Hund!"
und geben weiter Riemen. Den restlichen, abgedockten Riemen tragen wir in Schlingen gelegt in der linken Hand, um
schließlich das letzte Ende hinterherschleifen zu lassen. Wenn
der Hund die Fährte richtig ausarbeitet, folgen wir ihm bis zum
Stück. Dort wird er ausgiebig belobigt und erhält einen kräftigen Happen.
Ein wichtiger Grundsatz der Einarbeitung des Teckels auf der
künstlichen Schweißfährte ist, daß er am Ende immer ein Stück
Wild und keine aus Decke oder Schwarte bestehende Attrappe
findet. Das Verfolgen der Wundfährte durch den Hund ist Ausdruck seines Beutetriebes als ehemaliges Laufraubtier. Dieser
Trieb muß befriedigt werden durch das Erfolgserlebnis; das
verendete Stück und schließlich den aus rohem Fleisch bestehenden Belobigungshappen seines Führers.
Auch für das Ausarbeiten der Kunstfährte gilt, daß Schweißarbeit in erster Linie immer Riemenarbeit ist. Der Hund muß von
Beginn an lange Leine haben, damit er der Schweißfährte un-

Abb. 26   Aufdocken des Schweißriemens:
a — Zusammenlegen des Riemens je nach Länge vier- bis sechsmal
     von der Handhabe an;
b — Aufwickeln von unten her mit der glatten Seite nach außen;
c, d — Hindurchziehen des Riemens zum späteren Tragen über der
     Schulter;
e — in — Schlaufen — legen des restlichen Riemens;
f — fertig aufgedockter Riemen

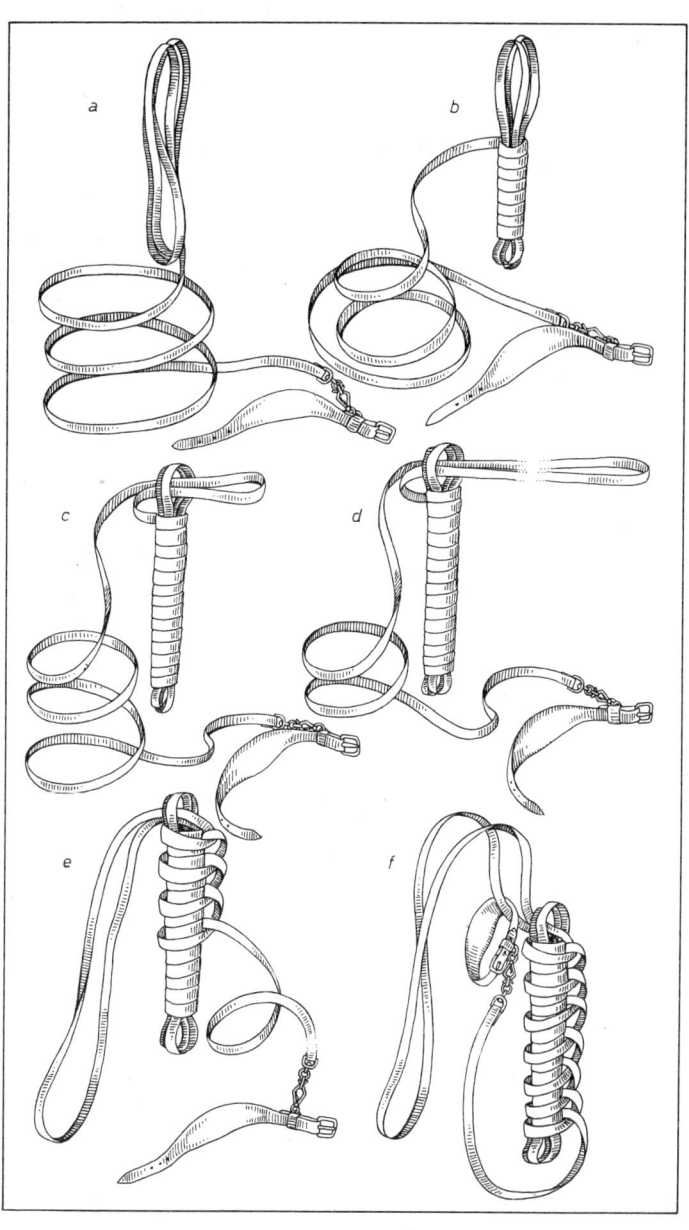

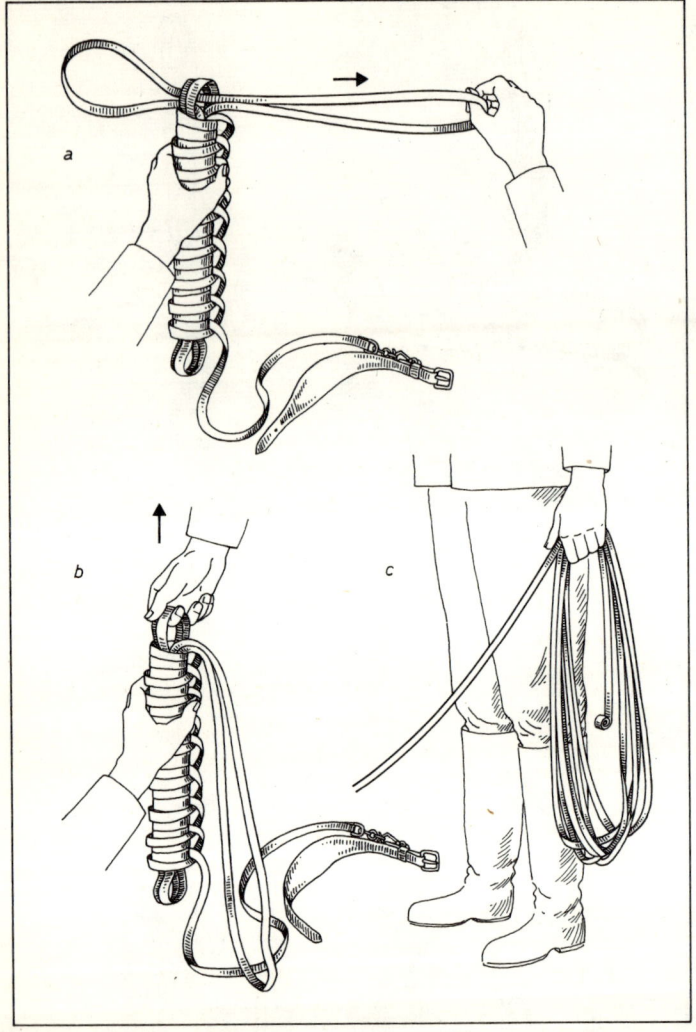

Abb. 27 Abdocken des Schweißriemens

a — Herausziehen des zum Tragen über der Schulter bestimmten doppelten Schweißriemens;

b — Herausziehen der zusammengelegten Schlaufen (beim weiteren Ziehen löst sich von innen nach außen die Umwicklung und danach der aufgedockte Teil des Riemens);

c — Tragen des abgedockten Schweißriemens

gehindert folgen kann. Große Ruhe und Konzentration des Hundeführers — die sich auf den Hund überträgt — ist bei der Kunstfährte genau so wichtig wie bei der Naturfährte.

Bei weiteren Übungen auf der Kunstfährte wird die Stehzeit auf drei und schließlich vierzehn bis achtzehn Stunden (Übernachtfährte) verlängert. Die Fährtenlänge steigern wir systematisch von ursprünglich 80 m über 300 m bis zu 1000 (1200) m. Alle 200 m werden Haken und darüber hinaus Wundbetten angelegt. Bei längeren und schwierigen Schweißkunstfährten muß dann auch nach 300 m auf einer Strecke von etwa 10 m der Schweiß weggelassen werden. Der Hund ist so gezwungen, durch Bogenschlagen wieder Anschluß an weiteren Schweiß zu finden. Die erschwerte Schweißfährte muß schließlich an viel begangene Wechsel heranführen und dort im Haken abbiegen, so daß ein Fährtenkreuz (Abb. 28) entsteht. Auch ist es zweckmäßig, die Schweißkunstfährte einen Wildwechsel kreuzen zu lassen.

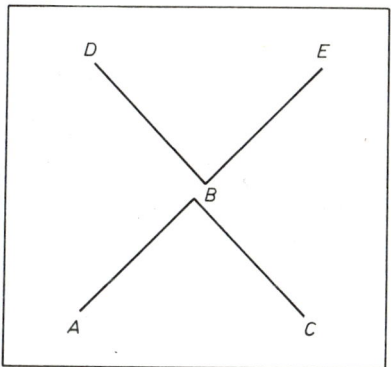

Abb. 28 Fährtenkreuz nach *Most,* ABC = Verleitungsfährte (Wildwechsel), DBE = Wundfährte

Der durch Widergänge des kranken Wildes von der Fährte abgekommene Hund wird versuchen, sie durch Bogenschlagen wieder zu suchen. Gelingt ihm dies nicht, so tragen wir ihn ab (Abb. 29). An der letzten sicheren Schweißstelle wird er wieder auf die Fährte angesetzt. Gleiches ist nötig, wenn der Hund einer Verleitungsfährte (frische Gesundfährte) folgt. Das Abziehen von der falschen Fährte ist bei Teckeln nicht üblich. Bestimmte Teckel gehen neben der Schweißfährte — z. T. auch mit hoher Nase — oder arbeiten die Fährte nach Brackenmanier in „Schlangenlinie" aus. Dies ist absolut kein Fehler. Entscheidend bleibt, daß der Hund sicher zum Stück führt.

Übungen auf der Kunstfährte sollte man im ersten Jahr nur einmal bis zweimal in der Woche durchführen und später bei Bedarf.

Abb. 29   Abtragen des Schweißteckels

Schweißarbeit auf der natürlichen Wundfährte

Die erste Arbeit unseres Teckels auf der natürlichen Wundfährte muß eine absolut sichere Totsuche sein und darf nur mit
Nackenwind oder bestenfalls Seitenwind ausgeführt werden.
Man wähle hierzu ein entsprechendes Stück aus, daß trotz guten Schusses noch 100 m und mehr fort flüchtete, bis es verendet zusammenbrach. Niemals gehe man mit dem Teckel auf die
warme Fährte, sondern beginne die Nachsuche erst nach vier
bis fünf Stunden. Das Ablegen des Hundes, Untersuchen des
Anschusses, Abdocken sowie Anlegen des Schweißriemens
und Ansetzen auf die Schweißfährte erfolgen dabei wie bereits
beschrieben. Mit größter Geduld und viel Riemen folge man
mit dem Hund der Fährte. Vermehrte Schweißstellen, Wundbetten sowie das Überqueren von Wegen durch die Schweißfährte werden vom Hundeführer mit Leitbrüchen markiert.
Bewindet der Hund eine Stelle besonders intensiv, so rufen wir
zur Kontrolle „Halt, laß sehen, mein Hund!" und prüfen, ob unser Teckel noch auf der richtigen Fährte ist. Bestätigt sich dies,
so liebeln wir ihn ab, geben wieder Riemen und lassen unter
den Kommandos „Such, verwundt, mein Hund!" „So recht, der
Hund!" weiter suchen. Am gefundenen Stück wird der Hund
tüchtig gelobt und erhält einen Happen.
Später führen wir den Teckel auch auf längeren und schwieri-
geren natürlichen Wundfährten ab. Diese Abrichtungsarbeiten
leiten schließlich zur Führung auf der Wundfährte (vgl. Kapitel
5) über.
Nie darf die Nachsuche auf der natürlichen sowie künstlichen
Wundfährte nur bei schönem Wetter erfolgen. Wir müssen den
Hund vielmehr an alle Witterungsbedingungen gewöhnen.
Selbst nach einem Dauerregen ist zwar von Schweiß nichts
mehr zu sehen, aber die Fährte steht dennoch für die Hundenase gut. Häufig hat allerdings unser Teckel eine Scheu, durch
nasses Gestrüpp usw. zu kriechen. Diese muß überwunden werden, denn auch am Tag der Hundeprüfung können heftige Nie-
derschläge sein und möglicherweise noch starker Wind vor-
herrschen, der die Wittrung davon trägt. Hier bewähren sich
dann nur solche Hunde, die unter allen Witterungsbedingungen und Schwierigkeiten abgerichtet sowie eingearbeitet wurden.
Nie sollte man sich dazu hinreißen lassen, seinen Teckel am
Schweißriemen wegen irgend eines Fehlers anzubrüllen oder
zu schlagen. Dies ist ein Kardinalfehler, nicht waidgerecht und
kann dazu führen, daß der Hund völlig für die Schweißarbeit

verdorben wird. Behutsam und geduldig sollte der Schweißtekkel für seine schwierige Arbeit vorbereitet werden. Die Suche am langen Riemen muß für den Hund von Lust erfüllt sein, genau so wie für seinen Herrn.
Ein weiterer Grundsatz besteht darin, mit jungen unerfahrenen Hunden wenig sogenannte Kontrollsuchen zu machen. Meistens wurde hier durch den Schützen das Stück nur gefehlt und kommt dann nicht zur Strecke. Der Hund hat kein Erfolgserlebnis, wird verunsichert und seine Ausbildung zum guten Schweißhund kann darunter leiden.

Totverweisen

Totverweisen und Totverbellen sind erwünschte Eigenschaften auch beim Teckel. In der rauhen Jagdpraxis haben sie allerdings wenig Bedeutung (vg. Kapitel 5). Der Totverweiser soll bei seinem Herrn angekommen, diesen auf kürzestem Wege zum gefundenen, verendeten Wild führen.
Zum Abrichten befestigt man dem Hund das Bringsel (ein kleines mit Leder umwickeltes Holzstück) mit einem elastischen Bändchen (Gummiring) am Hals. Hierdurch wird jedes Hängenbleiben an Ästen usw. mit der dadurch hervorgerufenen Gefährdung des Hundes verhindert. Ein Gehilfe muß den Hund bei der Ankunft am verendeten Stück Wild freundlich empfangen, ihn mit einem Happen belohnen und das Bringsel unter dem Kommando „Apport!" in den Fang schieben. In diesem Moment pfeift der den Vorgang in der Nähe gedeckt beobachtende Abrichter den Hund zu sich heran und belobt ihn. Nach Abgabe des Bringsels wird er abgeliebelt und erhält einen Happen. Danach begibt sich der Hundeführer mit dem Hund zum Stück. Hier wird dieser durch den Abrichter erneut gelobt (Abb. 30).
Bei weiteren Übungen wird die Distanz zwischen Abrichter und verendetem Wild erhöht. Schließlich muß der Hund es lernen, angesichts des gefundenen Wildes das Bringsel selbst in den Fang zu nehmen, wobei er zunächst noch durch den in Deckung stehenden Gehilfen mit dem Kommando „Apport!" dazu angefeuert wird. Auch auf Totverweisen und Totverbellen abgerichtete Teckel müssen vor Prüfungen wochenlang nur am Riemen auf der Schweißfährte geübt werden. Sie dürfen erst kurz vor Erreichen des am langen Riemen gearbeiteten Stückes geschnallt werden.
Das Totverweisen kann anstelle des Bringsels auch durch ein spezifisches Benehmen des vom Stück zurückkommenden

Abb. 30   Bringselverweisen

Hundes wie Anspringen des Hundeführers, Ziehen an dessen
Ärmel, Ergreifen des Schweißriemens oder Laufen in Richtung
des Stückes, geschehen. Natürlich müssen auch diese Arten
des Totverweisens vorher konsequent eingeübt werden

Totverbellen
Für die Abrichtung des jungen Hundes zum Totverbellen ist das
Lautgeben auf Kommando besonders wichtig. Schon bei hoch-
gehobener Futterschüssel sollten wir den Welpen mit dem
Kommando „Gib Laut!" zum Bellen veranlassen. Danach erhält
er sein Futter. Später muß er lernen, z. B. eine aufgebaumte
Katze zu verbellen. Wir kommen hinzu und belobigen ihn dafür.
Die Hauptabrichtung zum Totverbellen besteht darin, daß man
in seinem Garten eine Wildattrappe wie z. B. einen ausgestopf-
ten Keilerkopf versteckt, den Hund heranführt und ihn zum
Lautgeben veranlaßt. Einige Hundeführer ahmen dabei sogar
mit Erfolg das Hundebellen nach, um ihren Zögling zum Standlaut zu animieren. Der folgsame Hund erhält natürlich wieder
seinen Happen und wird tüchtig gelobt.
Bei weiteren Übungen wird die Wildattrappe im Walde versteckt, der Abrichter nähert sich dieser mit dem Hund auf bestimmte Entfernung und fordert ihn zum Lautgeben auf. Später
muß der Hund auf der Führerfährte oder Schleppspur zur Attrappe geschickt werden. Eine Hilfsperson versteckt sich hier in
Deckung, um nötigenfalls den Hund zum Lautgeben anzufeu-
ern. Schließlich wird der Hund auch zu einem verendeten Stück

Schalenwild geschickt, um dort totzuverbellen. Für erfolgreiche Arbeit belohnt man stets den Hund und gibt einen Happen. Daß Riemenarbeit auf der Schweißfährte die Hauptarbeit bleibt, gilt auch für den Totverbeller.

4.3.8. Stöbern

Aufgabe des Hundes ist es, in bestimmten Revierteilen Wild zu finden, aufzustöbern und den Schützen lauthals zuzutreiben, so daß sie zu Schuß kommen können.
Zum Abrichten wähle man am besten ein kleines Feldgehölz, das etwa 1 ha groß ist. Am Hauptwechsel bzw. -paß stellt sich der Abrichter auf. Durch den Jagdleiter wird das Gehölz durch weitere Schützen an geeigneten Plätzen umstellt. Es ist günstig, wenn zum Abrichten des Teckels noch ein hierauf bereits leistungsgeprüfter Hund vorhanden ist. Beide Hunde sollen neben ihren Führern etwa 10 bis 15 m voneinander entfernt sitzen.

Abb. 31   Einweisen des Teckels zur Stöberarbeit

Nach Abnahme der Halsung sowie kurzer Wartezeit von einer Minute werden die Hunde dann mit dem Kommando „Voran, mein Hund, hetz, hetz!" in das Gehölz geschickt (Abb. 31). Vorkommendes Wild wird geschossen.

Bei weiteren Übungen entfällt der zweite Hund. Wir wechseln die Örtlichkeit und nehmen schließlich als Treiber mit dem Hund an einer Drückjagd teil. Dabei ist zu beachten, daß die Schützen vom Jagdleiter aufgefordert werden, den das Treiben überjagenden Hund zurückzurufen.

Wenn der Hund die Dickung nicht annimmt, sich als sogenannter „Kleber" oder „Rändeler" erweist, müssen wir selbst mit ihm ein Stück in die Dickung gehen.

Der Hund muß spur- bzw. fährtenlaut stöbern. Das Überjagen des Treibens durch den Hund verhindern wir durch Abrufen oder Abpfeifen. Erfahrene Hunde kehren nach dem Herausdrücken von Wild aus dem Treiben wieder zurück und stöbern dort weiter.

4.3.9. Bauarbeit

Der Teckel soll hier abgerichtet werden, im Bau befindliche Füchse oder Dachse eine halbe Stunde lang zu verbellen, zu fassen oder aus dem Kessel zu sprengen.

Zur Abrichtung wird zunächst im abgedeckten Übungsbau für den nüchternden Junghund eine Futterschleppe bis in den Kessel gemacht. Die ersten Brocken der Schleppe legt man auf 20 cm, später auf 50 cm und dann im Meterabstand in die Röhre. Im Kessel steht der gefüllte Futternapf. Der Hund wird nun zum Übungsbau geführt und mit dem Zuspruch „Such, vorwärts!" zum Einschliefen animiert. Den einschliefenden Hund lobt man. Wir kontrollieren sein Folgen auf der Futterschleppe durch Anheben der Deckel und belobigen den Hund erneut, wenn er den Kessel erreicht hat sowie das Futter aufnimmt. In folgenden Übungen verwendet man anstelle der Futterschleppe eine Katze oder ein Meerschweinchen. Danach wird in die Mitte der Röhre ein Fall- und Steigrohr von je 1 m Länge und im Winkel von 120° eingebaut.

Die endgültige Ausbildung erfolgt im Kunstbau (Interbau Abb. 32). Wie vor der Prüfung sollte der Schliefenmeister den Fuchs oder Dachs vorher durch den Bau jagen, um diesen zu verwittern. Im zweiten Kessel wird dann das Raubwild mittels Schieber festgesetzt. Mit dem angeleinten Hund begeben wir uns zum Baueingang und lassen ihn dort Wittrung aufneh-

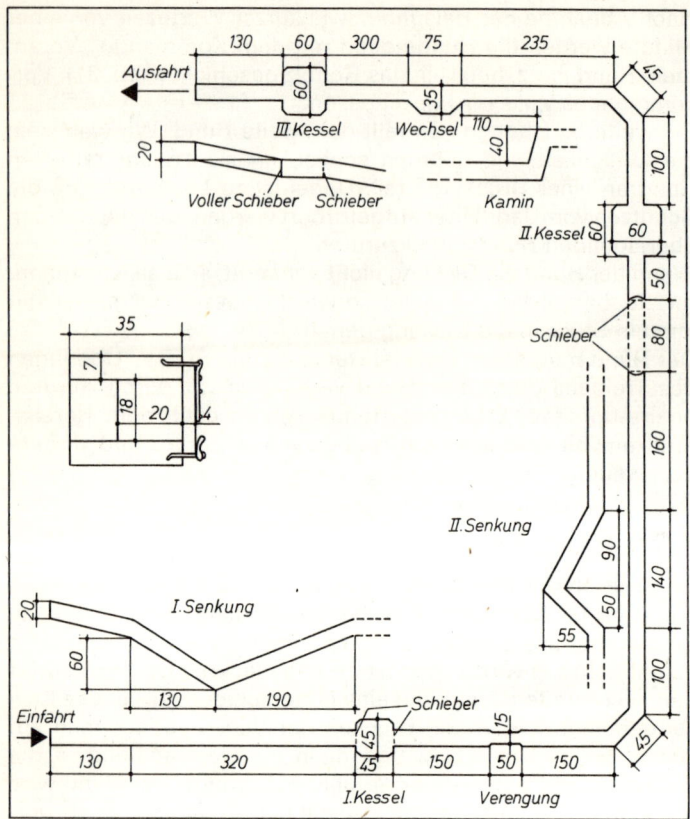

Abb. 32 Schema eines Kunstbaues (Interbau)

men. Sodann entfernen wir Halsung und Leine und lassen ihn unter Anhetzen einfahren. Der am Schieber des zweiten Kessels vor dem Raubwild lautgebende Hund wird von uns gelobt. Schließlich decken wir den Bauabschnitt über dem Hund auf und tragen diesen unter erneutem Lob ab.
In weiteren Übungen muß der Hund das Raubwild bis zu einer halben Stunde am Schieber verbellen. Anschließend wird das Raubwild durch Schieberziehen freigegeben. Der Hund soll ihm jetzt folgen und es aus dem Bau treiben. Am Dachs gelingt dies jedoch kaum; auch selten beim erfahrenen Schliefenfuchs.

Abb. 33 Rauhhaarteckel am Fuchs im Kunstbau

Wenn es nicht zum Sprengen kommt, sondern der Hund das Raubwild festhält, wird der Kessel aufgedeckt. Man registriert den Griff des Hundes am Raubwild und trennt die Gegner voneinander. Sollte der Hund das Raubwild weder gesprengt noch gefaßt oder gehalten haben, so muß er zumindest hierzu Vorstöße machen und nicht nur Laut geben. Wenn erst nach dreißig Minuten der Bauabschnitt aufgedeckt wird, muß der Teckel zumindest eine Bindung zum Raubwild haben. Ansonsten ist der Nachweis einer befriedigenden Schärfe nicht erbracht (Abb. 33).

Kommt der Hund kurz nach dem Einschliefen aus dem Bau, so muß er angefeuert werden, erneut in diesen einzufahren. Geschieht dies mehr als dreimal, so ist die Bauprüfung nicht bestanden. Unbefriedigende Leistungen liegen ferner vor, wenn der Hund den Bau innerhalb von zehn Minuten nicht annimmt sowie in diesem länger als zehn Minuten durchgehend verschweigt. Auch baulaute Hunde, die im Bau laut sind ohne Bindung zum Raubwild zu haben, werden von der Prüfung ausgeschlossen.

5. Jagdpraktische Führung

5.1. Führung auf der Wundfährte
5.1.1. Verhalten beim Schuß

Richtiges Verhalten des Jägers beim Schuß macht Nachsuchen überflüssig oder trägt dazu bei, daß sie erfolgreich verlaufen.

Vor dem Schuß muß das Verhalten des Jägers durch äußerste Ruhe und Konzentration gekennzeichnet sein. Es ist nur das Wild zu beschießen, das vorher genau erkannt und angesprochen wurde. Immer muß der Waidmann danach trachten, das Annähern des Wildes frühzeitig zu erkennen, um es anzusprechen und zu beschießen, bevor es ihn wahrgenommen hat. Der Jäger macht sich sofort schußfertig, sobald er das Wild erkannt und angesprochen hat. Gestochen und entsichert wird die Waffe erst unmittelbar vor dem Schuß. Dabei ist jede hastige Bewegung zu vermeiden, da sie das Wild sofort eräugt und dann flüchtig wird.

Der Schuß soll das Wild möglichst schmerzlos töten; dazu sind sorgfältiges Zielen, richtiges Vorhalten, gutes Schießen und Einhalten der waidgerechten Schußentfernung notwendig. Entfernt stehendes Wild lasse man dichter heranziehen, wenn dies infolge der jeweiligen Umstände, Windrichtung usw. möglich ist. Beim Schuß auf stehendes und ziehendes Wild sollte man jede Möglichkeit der Auflage bzw. des Anstreichens nutzen (dabei zur weichen Auflage Hand unter den Vorderschaft legen). Nicht zu dicht am Schützen vorbeiziehendes oder trollendes Wild ist anzuhupen oder anzupfeifen, damit es verhofft. So kann meist ein sicherer Schuß angebracht werden. Allerdings ist das verhoffende Wild dann sofort zu beschießen, da es häufig den Jäger wahrnimmt und hochflüchtig abgeht. Auf weiter entfernt stehendes Wild, bei ungünstiger Stellung des Wildes sowie in unübersichtlichem Gelände soll abends nicht geschossen werden, da die eventuell notwendige Nachsuche erst am anderen Morgen möglich ist.

Vor dem Schuß prüfe man, ob sich Hindernisse (Sträucher, Äste, hohe Grashalme) in Schußrichtung befinden, da sie die Kugel verschlagen und somit zu einem schlechten Schuß bzw. Fehlschuß führen können. Keinesfalls dürfen in der Nähe befindliche Menschen oder nicht zu bejagende Tiere gefährdet werden. Ferner muß man sich vor dem Schuß die Schußrichtung sowie den voraussichtlichen Anschuß durch bestimmte hervorstechende Merkmale im Gelände einprägen. Im Moment des Schusses blicke man ruhig sowie äußerst konzentriert durch das Feuer und beobachte scharf das Wild. Man versuche das Abkommen, einen eventuellen Kugelschlag, vor allem aber auch die Schußzeichen des Wildes zu erfassen. Ein heller Kugelschlag kann auf Knochenschüsse hindeuten, ein dumpfer hingegen auf Waidwundschüsse.

Beim schlecht sitzenden Schuß sollte man sofort noch einmal schießen, um leidendes Wild durch einen Fangschuß zu erlösen. Unter den Augen des Schützen verendetes Wild kann sofort, bei Waldtreibjagden und Drückjagden nach Abblasen des Treibens aufgesucht werden. Wurde das beschossene Wild flüchtig, beginnt bei Niederwild auf der Einzeljagd sofort die Nachsuche, während sie bei Gesellschaftsjagden vom Jagdleiter geregelt wird (im Walde erst nach Abblasen des Treibens). Bei Schalenwild warte man eine bestimmte Zeit, bzw. bis zum Abblasen des Treibens. Danach kennzeichne man den Stand bei Schußabgabe durch Aufrauhen des Bodens mit dem Jagdstock, Ablegen einer Patronenhülse u. a., sofern er nicht durch den Standplatzbruch bestimmt ist. Gleichermaßen muß auch die Richtung des Gewehrs bei Schußabgabe durch Zeichen im Boden oder dergleichen markiert werden, bevor der Waidmann zum Anschuß geht.

Nun wird anhand der Pirschzeichen und möglichst mit einem gebrauchstüchtigen Hund der Anschuß gesucht. Dabei dürfen dieser sowie die Schweißfährte nicht vertreten werden. Durch Anschuß- und Fährtenbruch sowie, wenn nötig, Hauptbruch und einige Leitbrüche, wird der Anschuß weidgerecht verbrochen. Das unnötige Herumtrampeln auf dem Anschuß oder gar dem Anfang der Wundfährte ist zu unterlassen. Es kann den Erfolg der späteren Nachsuche ernsthaft gefährden.

Findet man den Anschuß zunächst nicht, so ist der Stand des Schützen mit einem Standbruch zu verbrechen, und es wird die vermutliche Schußrichtung markiert.

5.1.2. Schuß- und Pirschzeichen

Schußzeichen sind ein typisches Verhalten getroffenen Schalenwildes, das sich während des Schusses oder unmittelbar danach zeigt.

Bei Geweih- und Gehörnschüssen bricht das Wild im Feuer zusammen, liegt kurze oder längere Zeit bewegungslos bzw. schlegelt mit den Läufen. Plötzlich wird es hoch und zunächst taumelnd sowie schließlich immer schneller flüchtig. Wie bei Krellschüssen kann ein sofort abgegebener Schuß das Stück zur Strecke bringen. Bei Kopfschüssen (außer Äser/Gebrechschüssen) wird das Wild im Feuer zusammenbrechen. Bei Äser/Gebrechschüssen wird es flüchtig; ein Herunterklappen des Unterkiefers ist selten zu beobachten. Häufig zeichnet Wild mit nicht sofort tödlichen Kopfschüssen auch durch eine eigenartige Bewegung, die dem Kopfschütteln ähnelt.

Bei hohen Hals- und Hochblattschüssen bricht das Wild sofort im Feuer zusammen und schlegelt selten mit den Läufen. Sind Halsschüsse nicht sofort tödlich (Verletzung der Drossel und des Schlundes) wird das Wild flüchtig. Zuweilen ist ein Zeichnen nicht zu beobachten, zum Teil zeichnet das Stück nur durch eine dem Kopfschütteln ähnliche Bewegung.

Bei Rücken- und hohen Keulenschüssen bricht das Wild im Feuer zusammen oder erhebt sich nach kurzer Zeit auf die Vorderläufe, um sich einige Schritte weiter zu schleppen und sofort zu verenden. Krellschüsse lassen das Wild im Feuer zusammenstürzen. Es liegt dann oft bewegungslos auf dem Rücken oder schlegelt mit den Läufen. Nach kurzer oder längerer Zeit wird es je nach Schwere des Schusses wieder hoch und flüchtet, zunächst langsam, dann immer schneller werdend, davon.

Bei tiefen Laufschüssen schlenkert der Lauf hin und her, während er bei hohen Laufschüssen hinterher geschleppt wird. Vorderlaufschüsse lassen das Wild an der getroffenen Seite zusammenknicken; es berührt aber selten den Boden und wird sofort flüchtig. Beim Verletzen beider Vorderläufe bricht das Wild sofort zusammen, versucht aber auf den Stümpfen weiter zu flüchten. Wurde ein Hinterlauf verletzt, so zeichnet das Wild wie beim Vorderlaufschuß, wird jedoch nicht so flüchtig. Eine Verletzung beider Hinterläufe läßt das Wild im Feuer hinten zusammenbrechen. Blattschüsse quittiert das Wild in einer geringeren und stärkeren Flucht; dann stürmt es mit gesenktem Kopf/Haupt in rasender Flucht davon, an Bäume, Sträucher usw. anprallend, um plötzlich zusammenzubrechen. Bei Lungenschüssen beobachtet man vor dem Zusammenbrechen häufig noch ein Hochheben der Hinterläufe. Beim sogenannten Hohlschuß stürzt das Wild zunächst zusammen, wird aber sofort wieder hoch und geht hochflüchtig ab. Der hohe Leberschuß läßt das Wild zusammenrucken. Mittlere oder tiefe Leberschüsse verursachen ein den Blattschüssen ähnliches, jedoch nicht so ausgeprägtes Zeichnen. Beim Davonflüchten senkt das Wild auch nicht den Kopf. Waidwundschüsse lassen das Wild mit den Läufen nach hinten schnellen. Die Bewegung ist um so höher, je tiefer und weiter hinten der Schuß sitzt. Zuweilen zeichnet das Wild auch nur kaum spürbar mit einem Lauf. Wurde nur der Pansen getroffen, ist ein Zeichnen oft überhaupt nicht festzustellen. Das Wild zieht ab, es flüchtet nicht. Beim Schuß durch das kleine Gescheide macht das Wild einige Fluchten, um dann mit gekrümmtem Rücken weiter zu ziehen; es bleibt aber häufig stehen und äugt nach hinten. Bei weit hinten sitzenden Waidwundschüssen wird häufig der Wedel zitternd ausgestreckt. Nierenschüsse lassen das Wild fast immer hinten zusammenbrechen; es wird danach erneut hoch und zieht oder flüchtet mit ausgestrecktem, zitterndem Wedel davon. Nach Wildbretschüssen wird Wild sofort flüchtig; es zeichnet überhaupt nicht bzw. nur durch ein Zusammenzucken an der getroffenen Stelle. Spitzschüsse veranlassen das Wild dazu, sich vorn aufzubäumen. Wurde das Wild längs durchschossen, so bleibt es im Feuer. Beim unwaidmännischen Spitzschuß von hinten schlägt das Wild mit den Hinterläufen aus bzw. flüchtet davon. Das längs durchschossene Wild stürzt danach verendet zu Boden. Bei Streifschüssen kann man ein Zeichnen nicht beobachten; das Wild versucht lediglich durch entsprechende Bewegungen (Aufbäumen, Ducken) dem Geschoß auszuweichen. Auf Fehlschüsse zeichnet das Wild nicht, es verhofft jedoch oft kurz, um dann in langen Fluchten abzugehen und eventuell von Zeit zu Zeit zu verhoffen. Rehwild schreckt danach. Allerdings kann dies auch festgestellt werden, wenn es angeschweißt wurde.

Vorbeschriebene Zeichen gelten für alle Schalenwildarten bis auf Schwarzwild. Dieses zeichnet sichtbar nur auf Knochenverletzungen, sonst durch ein kaum merkliches Zusammenzucken. Schwerkrankes Wild tut sich häufig ab. Nur Jungtiere verbleiben beim Muttertier, solange sie folgen können. Getroffenes Wild macht im allgemeinen die ersten Fluchten nach vorn.

Auf die Schußzeichen beim Niederwild kann hier nicht eingegangen werden, zumal der Teckel vorwiegend zur Nachsuche auf Schalenwild zum Einsatz kommen wird. Dies schließt nicht aus, daß er u. a. auch erfolgreich zu Nachsuchen auf Hasen, Kaninchen und Enten eingesetzt werden kann.

Unter Pirschzeichen verstehen wir alle am Anschuß und auf der Schweißfährte vorhandene Zeichen, die in Verbindung mit den Schußzeichen über Art und Stärke der Schußverletzungen und die voraussichtliche Wirkung im Wildkörper des Schalenwildes Aufschluß geben. Schnitthaar am Anschuß ist das wichtigste Pirschzeichen. Man beachte, daß zufällig am Anschuß liegendes altes Wildhaar an der Bruchstelle grau aussieht, während Schnitthaar weiß getönt ist. Ferner ist altes Wildhaar zerdrückt, klebt am Boden und hat nicht mehr den wellenförmig gebogenen, gerippten Schaft.

Die Anzahl des am Anschuß vorhandenen Wildhaares ist abhängig vom Büchsenkaliber, der Kopfform des Geschosses, dessen Sitz im Wildkörper, der Stellung des Wildes und der Jahreszeit. Wenn Wild von der Kugel durchschlagen wurde, findet man am Anschuß im allgemeinen zwei Büschel von Schnitthaaren; das eine vom Anschuß, das andere vom Ausschuß. Wenn keine Büschel vorhanden sind, dann muß man nach Einzelhaaren suchen. Auf grünem Moos und Wasserlachen sind sie gut zu finden. Bei Regen und Tau hängen sie oft an Grashalmen, Kräutern u. a. Auf dunklem Grund ist helles Haar gut, dunkles dagegen auf hellem Untergrund zu finden. Hat man erst ein Schnitthaar bzw. Pirschzeichen überhaupt gefunden, so ist im allgemeinen der Bann gebrochen! Bald findet man weitere Pirschzeichen. Außer vollständigen Schnitthaaren findet man bisweilen am Anschuß auch nur Schnitthaarteile oder zerschossenes Haar. Bei Schrägschüssen von vorn wird am Einschuß im allgemeinen viel, am Ausschuß hingegen wenig Schnitthaar gefunden; bei Schrägschüssen von hinten ist es umgekehrt. Schnitthaar mit anhängenden, kleineren oder größeren Hautfetzen stammen von Streifschüssen; gelegentlich kann dieses Haar aber auch bei anderen Schüssen gefunden werden. Nur ausgerissenes Schnitthaar am Anschuß deutet auf einen leichten Streifschuß ohne Verletzen des Wildkörpers hin. Auch ein Fehlschuß ist hier möglich, bei dem Wild nur durch den Schock zufällig loses Haar verloren hat. Mit Hilfe des Schnitthaars kann man nur dann sicher getroffene Körperteile des Wildes ermitteln, wenn zum Vergleich ein Schnitthaarbuch vorliegt. Schnitthaarbücher sollten für die betreffenden Wildarten von männlichem sowie weiblichem Wild und Jungwild angelegt werden; bei Hirschen getrennt nach Sommer- und Winterhaar. Eingriffe und Ausriß am Anschuß geben ferner Aufschluß über den Schuß. Die Eingriffe sind bei Nierenschüssen am Anschuß besonders stark. Der Boden ist häufig aufgewühlt. Abhängig von der Schußverletzung finden sich hier häufig Schweiß und andere Pirschzeichen am Anschuß. Bei Geweih- und Gehörnschüssen finden wir am Anschuß häufig Geweih- und Gehörnsplitter. Bei Äser- und Gebrechschüssen sind Zahn- und Knochensplitter zu finden; der Schweiß ist glatt und schleimig, von Speichel verdünnt, liegt er in langen Fäden beidseitig der Fährte. Wenn das Wild bei hohen Hals- oder Hochblatt-schüssen sowie Rücken- oder hohen Keulenschüssen noch den Anschuß verläßt, so sind hier reichlich Knochensplitter und Schweiß zu finden; die Fluchtfährte ist ferner durch Schlepp-spuren gekennzeichnet. Bei Krellschüssen finden wir am Anschuß zuweilen Knochensplitter oder Dornfortsätze, aber kaum Schweiß. Bei Vorderlaufschüssen liegen am Anschuß Splitter von Röhrenknochen; der Schweiß ist mittelrot. Am Anschuß und in der Fluchtfährte zunächst reichlich, wird er dann später immer schwächer.

Bei Hinterlaufschüssen sind gleichfalls am Anschuß Splitter von Röhrenknochen zu finden. Der Schweiß ist hier mittel- bis dunkelrot. Zunächst reichlich, wird er dann immer spärlicher. Bei tiefen Laufschüssen finden wir am Anschuß oft auch Schalenstücke.

Drosselschüsse sind durch hellroten Schweiß gekennzeichnet, der oft in großen Blasen reichlich neben der Fluchtfährte liegt. Bei Schüssen durch den Schlund finden wir wenig schmutzig-dunklen Schweiß, mit grünlichem Inhalt des Schlundes vermischt, in der Fährte. Beim hohen Lungenschuß ist im allgemeinen wenig, hellorangefarbener, schaumiger Schweiß neben der Fährte zu finden. Derartige Stücke schweißen zuweilen erst wenige Schritte vor dem Verenden. Beim Lungenschuß finden wir auf dem Anschuß häufig von der Kugel herausgerissene Lungenteilchen und Schweißspritzer. Ab etwa 15 m ist dann beidseitig der Fährte reichlich hellorangeroter, blasiger, schaumiger Schweiß zu finden. Beim Herzschuß findet man reichlich dunkelroten Schweiß, zuweilen blasig, aber nicht schaumig, beidseitig der Fährte. Der Schweiß ist häufig auch schon am Anschuß vorhanden; ansonsten beginnt das Stück ab etwa 5 m davon entfernt zu schweißen. Bei Leberschüssen findet man den ersten Schweiß etwa 15 m vom Anschuß. Er ist braunrot und liegt in großen Tropfen mit Leberteilchen gemischt, zu beiden Seiten der Fährte. Bei Hohlschüssen schweißt das Wild nur wenig, ähnlich dem hohen Lungenschuß. Bei Waidwundschüssen durch das große Gescheide findet sich nur wenig heller, dünner Schweiß, vermischt mit dem grünlichen Panseninhalt, etwa 20 m vom Anschuß beginnend, neben der Schweißfährte. Beim Milzschuß liegt dunkelroter Schweiß in dicken Tropfen neben der Fährte. Beim Schuß durch das kleine Gescheide finden wir grünlich-rötlichen Schweiß (mit Gescheideinhalt vermischt) in einzelnen Tropfen neben der Fährte. Bei Nierenschüssen liegt am Anschuß und in der Fluchtfährte reichlich Schweiß von dunkelroter Farbe. Wild mit Spitzschüssen von vorn bzw. von hinten schweißt nur wenig. Bei Wildbretschüssen findet sich am Anschuß dunkelroter Schweiß, in der Fluchtfährte einseitig liegend, der immer schwächer wird. Bei Streifschüssen ist Schweiß bis auf kleine Spritzer im allgemeinen nicht vorhanden. Bei Fehlschüssen sind mit Ausnahme der am Anschuß zuweilen vorhandener Eingriffe keine weiteren Pirschzeichen vorhanden.

Man achte natürlich auch auf weitere durch das Geschoß hervorgerufene Zeichen wie Beschädigen der Bäume, Bodendecke usw., da sie in Verbindung mit den Pirschzeichen und Schußzeichen darüber Aufschluß geben, ob und wie das Wild getroffen wurde.

Beim Niederwild geben am Anschuß gleichfalls vorhandenes Schnitthaar sowie Schweiß Aufschluß über Art und Stärke der Schußverletzung. Es ist jedoch nicht üblich, hier von Pirschzeichen zu sprechen.

5.1.3. Nachsuche

Grundsätzlich ist alles beschossene Wild — auch bei scheinbaren Fehlschüssen — nachzusuchen. Für eine erfolgreiche Nachsuche ist das richtige Verhalten beim Schuß wichtige Voraussetzung. Ohne leistungsgeprüften und firmen Hund ist die Nachsuche als unwaidmännisch abzulehnen. Als Ausdruck der Waidgerechtigkeit, wird die Nachsuche durch viele jagdliche Bräuche bestimmt.

Auf der Einzeljagd beschossenes Wild kann man sofort nachsuchen. Bei Gesellschaftsjagden auf Niederwild im Felde regelt der Jagdleiter die Nachsuche. Im Walde darf auf Gesellschaftsjagden Niederwild erst nach Abblasen des Treibens und mit Zustimmung des Jagdleiters nachgesucht werden. Bei größeren Gesellschaftsjagden empfiehlt es sich, im Felde zur Nachsuche hinter der Schützenlinie einige Jäger mit guten Hunden folgen zu lassen bzw. aufzustellen. Die Nachsuche auf Niederwild erfolgt sofort nach dem Schuß, denn Spur und Geläuf haben nur eine kurze Stehzeit. Bei Gesellschaftsjagden auf Hasen sollte jeder Schütze ohne Hund Brüche zum Kennzeichnen des Anschusses mit sich führen; der Hundeführer ist dann exakt einzuweisen. Zur Nachsuche auf Niederwild, speziell Hasen, sollte der Teckel nur am Schweißriemen geführt werden.

Beim Bejagen von Wasserwild achte der Jäger sorgfältig darauf, wo das Stück heruntergefallen ist, damit der Teckel richtig eingewiesen werden kann. Geflügeltes Wild sucht stets gern das Ufer auf und bewegt sich dort weiter fort. Dieses Gebiet muß man daher vom Hund gründlich absuchen lassen.

Vor der Nachsuche auf Schalenwild kennzeichnet der Schütze (nach Abblasen des Treibens!) seinen Stand sowie die wahrscheinliche Schußrichtung, sucht den vermeintlichen Anschuß auf und verbricht diesen mit Anschußbruch und Fährtenbruch (Abb. 34). Die Nachsuche von Schalenwild auf Gesellschaftsjagden wird durch den Jagdleiter geregelt.

Bei Kammerschüssen ist die Nachsuche nicht vor Ablauf von zwei Stunden aufzunehmen; bei Weidwundschüssen muß mindestens vier bis sechs Stunden gewartet werden. Nur bei Lauf-, Äser-, Gebrech- und Krellschüssen ist sofort nachzusuchen.

Grundsätzlich ist die Nachsuche nur bei Tageslicht auszuführen. Zur Nachsuche auf Schalenwild führt der Hundeführer außer dem Jagdhund und der üblichen Jagdausrüstung den Schweißriemen mit Schweißhalsung sowie ferner Schutzbrille, Stulpenhandschuhe, mehrere Leitbrüche, (zum Verbrechen der Schweißfährte) sowie ein weißes Taschentuch mit sich. Den aufgedockten Schweißriemen trage man links über die Schulter gehängt. Anorak mit Kapuze bzw. Joppe (nicht Mantel) sowie Mütze (nicht Hut) sind als Kleidung zu bevorzugen. Das Zielfernrohr ist abzunehmen. Die Waffe versehe man mit dem Mündungsschoner.

Bei nicht sofort tödlich wirkenden Schüssen, hat es sich als zweckmäßig erwiesen, wenn der Hundeführer zur Nachsuche noch einige Jäger mitnimmt. Sie können dann bei der eventuell nötigen Hetze des Stückes in einer Dickung vorgestellt werden. Besonders wichtig ist es, Rückwechsel abzustellen, da krankes Wild diese vorzugsweise annimmt.

Abb. 34   Anschuß- und Fährtenbruch
a — männliches Stück Schalenwild nach links geflüchtet;
b — weibliches Stück Schalenwild nach links geflüchtet;
c — männliches Stück Schalenwild in unbekannter Richtung geflüchtet

Zu Beginn der Nachsuche auf Schalenwild wird der Hund zu-
nächst in Sichtweite vom Anschuß neben dem abgestreiften
Schweißriemen sowie Rucksack des Hundeführers abgelegt.
Danach untersucht man sorgfältig den Anschuß (Abb. 35). Die

Abb. 35   Untersuchen des Anschusses mit abgelegtem Teckel

hier gefundenen Pirschzeichen geben in Verbindung mit den beim Schuß beobachteten Schußzeichen Aufschluß über die Art der Schußverletzung und damit das weitere Vorgehen bei der Nachsuche. Man weiß jetzt zumindest, ob es eine Totsuche

Abb. 36   Auf der Schweißfährte

oder vielleicht Hetze geben wird und kann entsprechend dispo-
nieren.
Der Hundeführer dockt nun den Schweißriemen ab, legt dem
Hund die Schweißhalsung an und begibt sich zum Anschuß.
Der Hund muß diesen in aller Ruhe untersuchen können. Häufig wird unser Teckel sich dabei meterweit vom Anschuß entfernen, um hier umherliegende Pirschzeichen zu bewinden.
Dies soll uns nicht stören, denn unsere Sinne nehmen ohnehin
nur einen Bruchteil dessen wahr, was der Hund vermag.
Ist unser Gefährte zum Anschuß zurückgekehrt und beginnt
sich an die Fährte festzusaugen, so fangen wir ohne Hast mit
der Nachsuche an. Sie beginnt auf das Kommando „Such, verwundt, mein Hund!"; gleichzeitig geben wir mehr Riemen. Der
Teckel beginnt nun die Schweißfährte aufzunehmen; Der
Schweißriemen sollte dabei immer schlaff herunterhängen
(Abb. 36).
Grundsätzlich beginnt die Nachsuche am Anschuß und man
sollte davon ausgehen, daß der Hund dank seiner weit überle-
genen Nase immer recht hat. Natürlich, sofern er waidgerecht
abgerichtet und auf Schweiß firm ist! Auch wenn der Schütze
am Anschuß eine andere Fluchtrichtung als die vom Hund ein-
geschlagene angibt und dies nachdrücklich beteuert, sollte

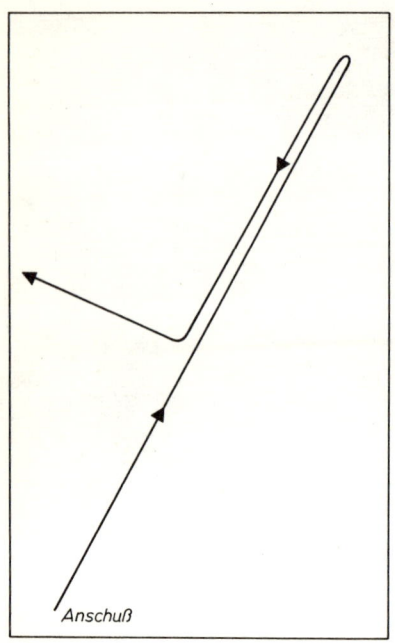

Abb. 37 Schema eines einfachen Widerganges

Anschuß

man dem Hund folgen. Der aufgeregte Schütze kann sich im turbulenten Geschehen des Schusses geirrt haben.

Der Jäger folgt mit dem Hund weiter langsam der Schweißfährte. Von Beginn an sollte immer viel Riemen gegeben werden. Den Rest des Schweißriemens nimmt man in Schlingen gelegt in die linke Hand, während mit der rechten Hand der Hund am Riemen geführt wird. Schließlich läßt man das letzte Ende des Schweißriemens hinter sich herschleifen.

Zuweilen überzeugt sich der Hundeführer mit dem Zuruf „Halt, laß sehen, mein Hund!" davon, ob dieser noch auf der richtigen Fährte ist (kenntlich an Schweiß, Gescheideinhalt usw.).

Bei einem vermeintlichen Wundbett ist es angezeigt, durch Abtupfen mit dem weißen Taschentuch zu prüfen, ob wirklich Schweiß vorhanden ist. Ferner kann man eventuell mit der Hand fühlen, ob das Wundbett noch warm ist. Wenn der Hund die Nase hochnimmt, zielstrebig auf einen bestimmten Ort zieht, so hat sich möglicherweise das kranke Wild dort niedergetan. Auf keinen Fall darf jetzt der Teckel geschnallt werden, sondern ruhig und besonnen führe man die Arbeit am Riemen fort. Vielleicht liegt dann das waidwunde Stück schon mit erho-

Abb. 38   Schema eines komplizierten Widerganges

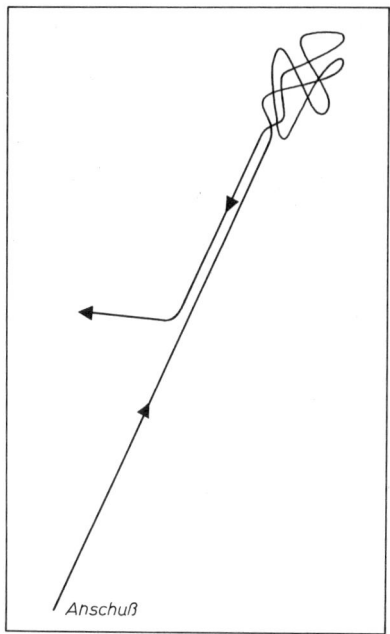

Anschuß

benem Haupt hinter dem nächsten Ginsterbusch und man kann
durch den Teckel verwiesen, rechtzeitig einen Fangschuß anbringen.
Der Jäger muß stets darauf achten, daß sich der Hund auf der
Fährte des kranken Stückes befindet. Hat das Wild einen Widergang gemacht, wird der erfahrene Hund die Fährte wiederzufinden versuchen. Er schlägt zunächst engere und dann weitere Bogen, bis er wieder auf die Fährte gelangt ist und dieser
folgt. Viel helfen kann der Hundeführer hierbei nicht; er muß
nur immer am langen Riemen folgen. Oft benötigt der Hund
eine halbe Stunde, bis er bei einem Widergang den richtigen
Abgang findet. Der erfahrene Hund wird natürlich rascher,
selbst bei kompliziertesten Widergängen wieder auf die richtige Wundfährte zurückfinden (Abb. 37, 38). Stets sollte man
bei dem vielen Bogenschlagen des Hundes — besonders im
dichten, womöglich noch nassen Unterholz und Dorngestrüpp
— Ruhe bewahren und dem braven Gefährten folgen. Grundfalsch ist es hier, den Hund aus Bequemlichkeit zu schnallen. Er
wird wahrscheinlich bald an gesundes Wild herankommen und
dieses hetzend verfolgen. Damit ist nicht nur die Nachsuche

vereitelt, sondern der Hund für ernste Schweißarbeit verdorben.

Dem jungen, noch unerfahrenen Hund, der an einem Widergang der Fährte einfach nicht mehr weiterkommt, muß man helfen. Er wird abgetragen. Danach schlägt man mit dem Hund an der Leine selbst einen Bogen um den Widergang. Wenn der Hund eine Fährte anfällt, muß man sich natürlich davon überzeugen, daß es die Wundfährte ist. Zu diesem letzten Mittel sollte allerdings nur dann gegriffen werden, wenn sich der Hund als absolut unfähig erweist, die Schweißfährte weiter auszuarbeiten.

Ist der Hund völlig von der Fährte abgekommen, so muß man ihn abtragen und beim letzten, sichtbaren Schweiß wieder ansetzen. Dazu ist es notwendig, Wundbetten, besondere Schweißstellen sowie auch das Überqueren von Wegen und Gestellen durch die Wundfährte zu verbrechen. Dies geschieht mit Leitbrüchen — halbarmlangen befegten Brüchen — deren Spitze immer in die Fluchtrichtung des Wildes zeigen muß.

Schweißarbeit, vor allem mit dem Teckel, sollte vom Anschuß bis zum Stück überwiegend Riemenarbeit sein. Grundsätzlich schnalle man den Hund erst, wenn das sicher angesprochene, schwerkranke Wild, vor dem Hund aus dem letzten Wundbett hoch wird. Nur dann ist anzunehmen, daß der Teckel es in Hörweite stellen und lauthals verbellen wird. Immer muß man die Hatz mit den Ohren verfolgen können. Ist dies nicht gewährleistet, so kann der Hund vorzeitig zurückkommen, und wir haben eine bedauerliche Fehlhetze! Genau so unerfreulich, wenn der Hund vor einem aus der Dickung einfach hochwerdenden Stück Wild geschnallt wird und dieses dann völlig gesund ist. Meist gelingt es in solchen Fällen nicht mehr, mit dem völlig abgelenkten Teckel die Schweißfährte weiter auszuarbeiten.

Bei Schalenwild mit Leber- und Pansenschüssen — außer Sauen — wird eine Hetze in der vorbeschriebenen Weise im allgemeinen immer erfolgreich sein. Sauen mit Waidwundschüssen hingegen vermögen noch über außerordentlich große Strecken zu flüchten; hier ist die Riemenarbeit bis zum Stück vorzuziehen.

Rehwild mit Laufschüssen sollte man nach dem Schuß nur mit besonders scharfen Teckeln nachsuchen, die in der Lage sind, das kranke Stück an der Drossel niederzuziehen.

Bei der Hatz achte man ferner darauf, daß laufkrankes Wild gern entlang der Berge flüchtet. Bei einem zerschossenen Vorderlauf geht das Wild gegen den Berg, weil es sich nur mit den

Hinterläufen abstützen kann. Umgekehrt verläuft die Hatz bei Hinterlaufschüssen bergab. Häufig zieht schwerkrankes Wild bergab und sucht Wasserläufe auf. Sorgfältig sollte man hier beide Ufer nach dem Ausstieg untersuchen.

Vor dem Schnallen (Entfernen der Halsung!) des Hundes prüfe man stets, ob nicht bald die Nacht hereinbricht und es besser ist, jetzt die Schweißarbeit abzubrechen und am folgenden Tag dort fortzusetzen.

Totverbeller und Totverweiser können ihre außerordentlichen Fähigkeiten in der jagdlichen Praxis nur selten beweisen.

Bei waidgerechter Führung bringt uns der Hund meist am Riemen zum verendeten, bzw. fluchtunfähig sitzenden Stück. Bei der Hetze folgt er dem kranken Wild und stellt es mit Standlaut, bis wir den Fangschuß geben. Normalerweise ist also der Führer immer sofort beim Stück. Nur gelegentlich kommt es vor, daß ein krankes Stück während der Hetze in Deckung verendet zusammenbricht. Ist der Hund dann kein Totverbeller oder -verweiser und bleibt ohne Laut zu geben am verendeten Wild, so findet man es schwer. Auch Totverbeller und Totverweiser sollten jedoch, wie bereits dargelegt, auf der Wundfährte vor allem nur reine Riemenarbeit leisten. Sie dürfen nur nach den vorstehend behandelten Grundsätzen geschnallt und keinesfalls zur „freien Nachsuche" mißbraucht werden. Ansonsten würden sie bald als gute Schweißhunde verdorben sein.

Am gefundenen Stück wird der Hund ausgiebig belobigt, er darf das Stück bewinden, ihm an die Drossel fassen sowie Ein- und Ausschuß belecken, soll aber möglichst nicht rupfen. Der Hundeführer überreicht nun dem anwesenden Schützen den Erlegerbruch, der hier etwas größer sein muß als sonst üblich. Der Schütze bricht einen Teil davon ab und überreicht ihn dem Hundeführer. Dieser entnimmt hiervon einen kleinen Zweig und schmückt damit die Halsung seines erfolgreichen Hundes (Abb. 39). Den restlichen Bruch steckt er an seinen Hut.

Vor dem Aufbrechen des Stückes wird der Hund in Sichtweite abgelegt. Das aufgebrochene Stück versieht man mit Inbesitznahmebruch sowie ggf. letztem Bissen und verbläst es waidgerecht mit Totsignal.

Über das Genossenmachen des erfolgreichen Hundes nach der Nachsuche gibt es verschiedene Ansichten. Ich halte es, gleich vielen anderen gerechten Hundeführern, für richtig, den Hund mit der in Streifen geschnittenen sowie in Schweiß getauchten Milz des gestreckten Stückes genossenzumachen. Insbesondere der waidgerecht geführte Teckel wird bei diesem Vorge-

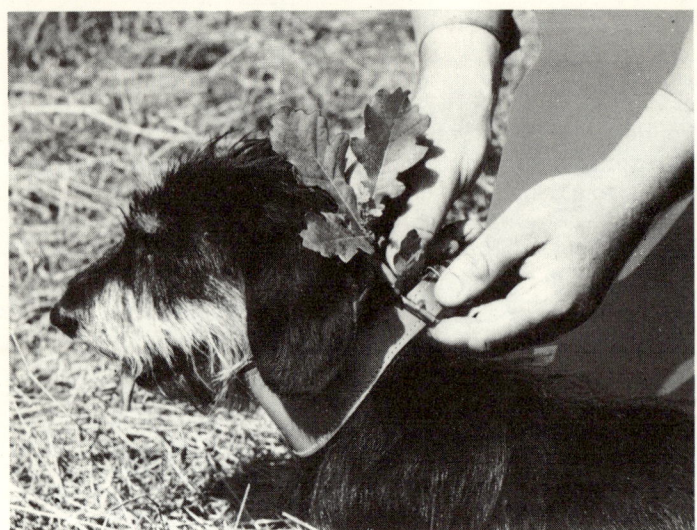

Abb. 39   Dem erfolgreichen Teckel wird der Bruch an die Halsung ge-
steckt

hen nicht zum Anschneider werden. Hinzu kommt, daß man
den Hund bei der Totsuche stets am Riemen hat. Bei der Hetze
schießt man das Stück vor ihm und ist sofort heran. Der Hund
hat also gar keine Gelegenheit, unkontrolliert etwas zu unter-
nehmen. Natürlich darf sich auch der Teckel nicht — wie seine
Laufraubtierahnen — hemmungslos auf das Stück stürzen.
Wenn dies geschehen sollte, gibt es dagegen ein probates Mittel. Man nehme einen Lauf des Stückes und versetze dem Hund
hiermit einen kräftigen Hieb. Dieser wird nun glauben, das
Stück habe ihn noch geschlagen, es sich merken und die Unart
abgewöhnen.

5.2.   Führung auf Pirsch und Ansitz

Der Teckel eignet sich wie keine andere Hunderasse vorzüglich
als Begleiter bei Pirsch und Ansitz. Bei der Pirsch wird der neben dem Waidmann laufende, kurzläufige Hund auch bei nied-
riger Bodenvegetation fast stets verdeckt und kaum vom Wild
eräugt. Auf den Hochsitz kann man ihn bequem im Rucksack
mitnehmen und bleibt damit windunabhängig. Ein unschätzba-

rer Vorteil gegenüber dem meist notwendigen Ablegen größerer Hunde unter der Kanzel.

Bei beiden Jagdarten kann der Hund dem Waidmann, vor allem dank seines überragenden Geruchs- und Gehörsinns, große Dienste leisten.

Man achte sorgfältig auf das Benehmen des Jagdgefährten. Wenn er angestrengt, mit zuckenden Nasenmuskeln, im Wind wittert, die Behänge nach allen Richtungen spielen läßt, scharf in verschiedene Richtungen äugt, seinen Herrn fragend anblickt und vielleicht sogar kaum hörbar winselt — dann ist Wild in der Nähe! Jetzt langsam das Glas hoch und die vom Teckel verwiesene Stelle sorgfältig ableuchten. Bald wird man erkennen, was der scharfsinnige Hund längst wahrgenommen hat und wir ohne ihn nie oder zu spät bemerkt hätten. Sehen wir vorerst nichts, dann einen Augenblick regungslos verharren und noch einmal hinschauen.

Ich entsinne mich hier eines Jagderlebnisses. Brütende, trockkene Julihitze breitet sich über eine große Lärchenkultur. Am Waldrand habe ich mit meinem Teckel den Anstand bezogen. Gegenüber, aus der Dickung, soll er kommen, der seit langem ausgemachte, sicher angesprochene, ersehnte, starke, alte Sechserbock. Gegen 19.00 Uhr erwarte ich ihn, noch ist etwa eine Stunde Zeit. Doch der Teckel macht mir heute Sorge. Sonst äußerst gehorsam, äugt er ständig nach links, in die Windrichtung. Jetzt zerrt er sogar am Jackenärmel. Nun wird es mir zuviel, gelangweilt nehme ich das Glas hoch, blicke in die vom Hund gewiesene Richtung. Doch was ist das? Geradezu gespenstisch bewegen sich über Grasbülten . . . Stangen eines Rehbockes. Sie gehören meinem Bock, unverkennbar an der fast gleichmäßig starken Krümmung beider Rücksprossen! Ich nehme das Gewehr hoch, lege auf und warte. Endlich, nach etwa dreißig Minuten, taucht der Bock kurz auf, so daß ich einen Hochblattschuß anbringen kann. Große Freude bei Herr und Hund ; ausgiebiges Lob für den Teckel.

Am Anschuß angelangt, wurde mir alles klar. Der Bock war vorzeitig ausgetreten. Er stand verdeckt in einer Bodensenke. Vor kurzem noch wasserüberflutet, war sie jetzt ausgetrocknet. Besonders saftige Gräser und Kräuter wuchsen in dieser „Äsungsoase". Sicher hätte der Urian sich nach ausgiebiger Mahlzeit hier noch zum Wiederkäuen niedergetan; so dann gänzlich unsichtbar. Nur die ausgezeichnete Nase meines Jagdgefährten hatte den Erfolg gebracht.

Ein anderer Rauhhaarteckel bescherte mir unerwartetes Waidmannsheil bei Sauen. Es war im Sommer, ich saß vor einem Kleeschlag an; dahinter Wald. Der Wind weht ins Feld und aus dem Holz erwarte ich Wild. Sehr schmal ist der selten benutzte Hochsitz und so wird, kurz entschlossen, der Teckel unten abgelegt. Gegen 19.00 Uhr bin ich aufgebaumt und habe mich oben gerade richtig eingerichtet. Erst in etwa einer Stunde soll der Bock kommen; vielleicht noch etwas lesen? Da, ein leises, kaum hörbares, Winseln unter dem Hochsitz. Das kann nicht wahr sein, durchfährt es mich, der brave Hund heute so unfolgsam? Offenbar behagt ihm nicht, daß er unten bleiben muß. Langsam drehe ich mich auf dem Hochsitz um. Aus dem Meer eines riesigen Weizenschlages hinter mir taucht auf etwa hundert Schritt ein uriger Keilerkopf auf! Ein grimmer Basse mit starken Waffen, mindestens sechs Jahre alt. Der niedrige Weizenbestand ermöglicht mir, das Stück noch genauer anzusprechen und schließlich einen glücklichen Schuß anzubringen. Im Glas erkenne ich deutlich, wie der Keiler nach einigen Fluchten tödlich zusammenbricht. Auf den Schuß beginnt der Hund wieder leicht zu winseln. Doch ein Handzeichen läßt ihn sofort verstummen. Nach einer halben Stunde baume ich — meiner Sache sicher — ab. Der Teckel wird geschnallt. Kaum eine Minute vergeht und es erklingt der dunkle, volle, glockenklare Standlaut des braven Hundes. Schon bin auch ich am Anschuß — ein unvergeßlicher Eindruck, der eifrig totverbellende, saufarbene Rauhbautz neben der groben Sau. Ich hätte den kleinen Kerl vor Freude umarmen können! Und nun enthüllte sich auch, warum das Hauptschwein hier am hellen Tage auftauchen konnte. Ein kleines Bruch — sogar mit Suhle — lag verdeckt, unweit des Anschusses, im Getreidemeer. Hier hatte der Basse seinen Tageseinstand genommen. Dieses „Hinterland" des Hochsitzes war mir nicht bekannt. Nie wäre ich allein auf die Idee gekommen, rückwärts zu schauen. Da der Wind vom Wald ins Feld strich und bei fehlender Sicht, hatte der Hund den Keiler ausschließlich mit seinem feinen Gehör wahrnehmen können. Ein Grund mehr, auf die hervorragenden Sinne des Hundes zu vertrauen. Uns Kulturmenschen fehlen sie längst, und nur der überkommene Jagdgefährte aus der Urzeit vermag sie zu ersetzen. So verdanke ich meinen stärksten Keiler, dessen präparierter, gewaltiger Kopf heute seinen Ehrenplatz über dem Kamin im Jagdzimmer hat, einem kleinen Teckel.

Das Mitführen des Hundes bei Pirsch und Ansitz ist auch vorteilhaft, falls eine Nachsuche erforderlich werden sollte. Wie gut, da bei den meist langen Anfahrtwegen ins Revier, den

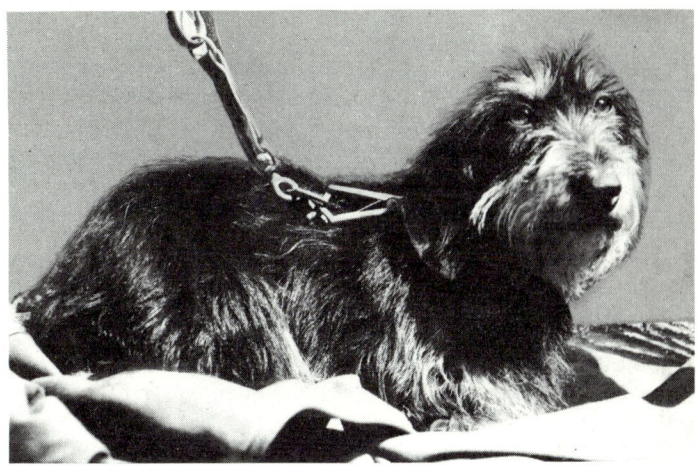

Abb. 40   Auf dem Hochsitz wird der Teckel angeleint und abgelegt

Hund schon bei sich zu haben. Natürlich, muß man — so verlok-
kend es auch erscheinen mag, dem kranken Wilde gleich nach-
zuhängen — die nötige Zeit bis zur Nachsuche warten (zwei
bzw. vier bis sechs Stunden). Besonders wichtig das Vorhandensein des Hundes bei Lauf-, Kiefer- und Krellschüssen, wo
die Nachsuche sofort aufgenommen werden muß.
Bei der Pirsch sollte man den Hund immer an der Leine führen
und nicht frei-bei-Fuß gehen lassen. Sowie man Wild erspäht
hat und sich auf Schußentfernung heranpirschen muß, lege
man den Hund ab. Nach dem Schuß wird der Gefährte wieder
abgeholt und gelobt. Dann geht es zum Stück, das erst jetzt
versorgt wird. Auf Anstand und Hochsitz wird auch der abgerichtete, langzeitig jagdlich geführte Teckel, stets angeleint
(Abb. 40). Immer verständige man sich auf Pirsch und Ansitz
mit seinem Gefährten nur in der Zeichensprache oder im Flüsterton. Er paßt sich dann meist instinktiv dieser Lautstärke an.
Nun gibt es Jäger, die nie den Hund zu Pirsch und Ansitz mitführen. Er habe ihnen schon so viel Wild vergrämt. Gerade als
man auf den Hirsch anbacken wollte, gab der Hund auf dem
Hochsitz Laut, schlug mit den Behängen und . . . Nun letzteres
Geräusch dürfte den Geweihten, bei sonst korrektem Verhalten, wohl kaum zum Abspringen veranlaßt haben. Lautgeben,
laut winseln usw. aber wird angesichts des Wildes nur der nicht

oder ungenügend abgerichtete Hund. Man muß sich schon der Mühe unterziehen, seinen Hund zum treuen Begleiter auszubilden. Dann aber gilt die treffende Feststellung von *Schneider-Leyer:* „Für den Jäger sollte der Teckel sein Schatten sein, unzertrennlich auf jedem Jagdgang, unersetzlich bei Pirsch und Ansitz und unentbehrlich bei gemeinschaftlicher Jagd. Was ist der rechte Waidmann denn ohne Hund, ein Torso!"

5.3. Führung beim Suchen, Finden, Stellen und Verbellen von Sauen

Eine heute viel zu wenig gepflegte, aber überaus reizvolle und auch erfolgreiche Jagdmethode ist die Suchjagd auf Sauen mit dem Teckel als Finder.

Der auf Saufährten abgerichtete Teckel hält diese sehr gut, jagt unermüdlich und kommt überall durch. Die Sau stellt sich vor ihm sehr gern, da sie nicht zu hastig verfolgt wird und auch den kleinen Kerl nicht ernst nimmt. Gewandt weicht der Teckel den Schlägen des Schwarzkittels aus. Zur Suchjagd auf grobe Sauen sollten zwei Teckel eingesetzt werden.

Besonders erfolgreich ist die Suchjagd auf Sauen bei Schnee. Hier ist es möglich, Schwarzkittel in bestimmten Einständen (Dickungen) einzukreisen, d. h. zu bestätigen.

Auch ohne Schnee kann diese Jagdart, namentlich im späten Herbst, erfolgreich sein, wenn die Sauen recht weiß sind. Das Wild ist dann träge, wechselt ungern weit fort und stellt sich leicht dem Hund.

Auf einzelne grobe Sauen ist die Suchjagd besonders lohnend. Werden diese nicht gestört, so haben sie die Eigenschaft, immer wieder dasselbe Lager aufzusuchen. Hier stecken sie sich fest und lassen sich längere Zeit von einem kleinen Hund verbellen. Auch dem verfolgenden Teckel stellt sich die Sau leicht bzw. schiebt sich bald wieder unter eine dichte Fichte oder dergleichen ein. Der Standlaut des verbellenden Finders ruft dann den Jäger heran. Natürlich muß man beim Anschleichen den Wind beachten. Je schärfer der Finder dem Bassen zusetzt, umso leichter kann der Jäger heranpirschen und wird in der Regel zu Schuß kommen.

Man sollte die Suchjagd auf Schwarzwild nicht zu häufig ausüben, da dieses dann beunruhigt wird und sich dem Hund nur noch selten stellt.

5.4. Führung beim Stöbern und Brackieren

Der spurlaute Teckel ist der beste Stöberhund. Das Wild nimmt ihn nicht „für voll", es kommt dem Jäger langsam und dieser kann so fast immer Erfolg haben.

Durchaus ist nicht der wilde Hetzer immer der beste Stöberhund. Dieser fegt meist auch über das Treiben hinaus und ist nicht bogenrein. Längst hat er das nächste Treiben schon wildleer gemacht, während sich die Jagdgesellschaft noch mit dem ersten beschäftigt.

Am besten eignen sich zum Stöbern kleine Feldgehölze sowie ferner Brücher und mit Gestrüpp bewachsenes Unland. Der Teckel lernt hier am schnellsten bogenrein zu werden, und krankgeschossenes Wild kann am besten gefunden werden. Auch Schalenwild ist hier relativ selten. Bei der Stöberjagd soll der Teckel vor allem Hase sowie Fuchs finden und lauthals den Schützen zutreiben. Häufig geht die laute Jagd lange hin und her, bevor das Wild die Deckung verläßt und den spursicheren Verfolger abschüttelt. Wird das Wild erlegt, so macht auch der Teckel halt und kehrt ins Treiben zurück. Geschieht dies nicht, geht er häufig ins nächste Treiben. Man sollte daher den das Treiben verlassenden Teckel sofort abpfeifen, an den Riemen nehmen und erst wieder weiter stöbern lassen, wenn er sich beruhigt hat. Häufig wird auch bei der Stöberjagd Wild krank geschossen. Es ist daher immer gut, wenn der zum Stöbern eingesetzte Teckel zugleich Hase oder Fuchs am langen Riemen nachsuchen kann.

Für das Stöbern auf Kaninchen sollten Teckel speziell abgerichtet werden. Besonders geeignet sind dafür Zwergteckel. Sie müssen zugleich auch lernen, geschossene Kaninchen zu apportieren.

Gelegentlich kann man Teckel auch zum Stöbern im Wasser einsetzen und sie apportieren, wie bereits dargelegt, sogar die geschossene Ente zum Ufer. Dies ist jedoch keine typische Arbeit für den Dachshund und sollte anderen, speziell dafür bestimmten Hunderassen, vorbehalten bleiben.

Schließlich soll eine interessante, altbekannte Leistung mancher Teckel, das sogenannte Brackieren von Hasen, nicht unerwähnt bleiben. Der Hase läßt sich besonders gut vom Teckel jagen und dem Jäger zu Schuß bringen. Versucht er doch immer wieder, aus der Sasse hochgemacht, in diese Gegend zurückzukehren. Der Jäger schnallt den Teckel beim Hochwerden eines Hasen und verbleibt dann nahe der Sasse in Deckung stehen. Lauthals verfolgt der Teckel den Mümmelmann, verliert ihn an den Haken, findet aber immer wieder die Spur. Der Hase setzt sich gelegentlich und äugt rückwärts nach dem Hunde, bis dieser dichter heran kommt. Nach längerer oder kürzerer Zeit schließlich verkündet das Geläut des Teckels, daß sich die Jagd wieder nähert. Nun macht sich der Waidmann in Ruhe schußfertig. Die Eigenschaft des Brackierens von Hasen ist nicht allen Teckeln eigen, läßt sich aber natürlich bei gewisser Veranlagung durch entsprechendes Abrichten ausbilden.

5.5. Führung bei der Bauarbeit

Ein altbekanntes Arbeitsgebiet des Teckels ist die Bauarbeit. In der Arbeit unter der Erde entstand der vielgerühmte „Eigensinn" des Dackels. Schließlich ist der Teckel unter der Erde meist nur auf sich allein gestellt und kein Herrchen kann ihm da helfen. Gute Bauhunde sind nur intelligente und wendige Teckel. Übermäßig scharfe, aber sture Hunde werden leichter geschlagen als solche, die durch Erfahrung gewitzt an die Sache herangehen.

Mit Prüfungen in der Bauarbeit kann man am besten die Wesensfestigkeit des Teckels feststellen. Dies gilt auch noch heute, wenngleich der Teckel vor allem als weit überdurchschnittlicher Schweißhund größere Bedeutung erreicht hat.

Wie der Spurlaut, ist die Naturschärfe im Bau eine Veranlagungssache. Sie muß aber sorgsam geweckt werden. Zu frühes Einfahren in den Bau mit wehrhaftem Raubwild, kann den Hund ängstlich machen. Es ist hier zu beachten, daß manche Teckel frühreif sind und schon mit weniger als einem Jahr in den Bau gelassen werden können. Bei anderen ist dies erst zu einem späteren Zeitpunkt zweckmäßig. Die Arbeit unter der Erde ist vielseitig und abwechslungsreich. Bei der Erdjagd auf den Fuchs ist es erwünscht, wenn der Hund diesen möglichst schnell sprengt, also zum Verlassen des Baus bewegt. Beim Dachs hingegen, der selten den Bau verläßt, bevorzugt man das ausdauernde Vorliegen des Teckels.

Der tollwutschutzgeimpfte, in der Bauarbeit leistungsgeprüfte Hund, kann bei tollwutfreier Lage auch zum Sprengen von Füchsen aus Naturbauen eingesetzt werden. Die günstigste Jahreszeit ist hier von November bis zur Ranzzeit (Februar). Die Bälge sind zu dieser Zeit am wertvollsten. Man kann die Erdjagd am besten vormittags, bei schlechtem Wetter aber auch tagsüber, ausüben. Felsenbaue sind ungeeignet, da sie sich nicht graben lassen, falls der Hund im Bau bleiben bzw. lange Zeit vorliegen sollte. In größeren Bauen kann sich der Dachs aufhalten. Am besten geeignet sind Flachbaue in losem Sandboden. Noch günstiger ist es, wenn wir sie selbst angelegt haben, so ihren Verlauf kennen und, wenn nötig, dem Hund rasch helfen können.

Wir kontrollieren zunächst, ob der Bau befahren ist. Erfahrene Hunde tun dies selbständig; sie schliefen nur in befahrene Baue ein. Nachdem wir mit Sicherheit festgestellt haben, daß der Fuchs im Bau steckt, lösen wir den Hund von Halsung sowie Leine und lassen ihn einschliefen. Grundsätzlich darf zur gleichen Zeit nur ein Hund in den Bau einfahren. Jegliche Geräusche beim Einweisen des Hundes am Baueingang sind zu vermeiden. Schußbereit warten wir nun so, daß alle Röhren in Schußentfernung eingesehen werden können. Hierzu ist es am besten, wenn zwei Jäger Rücken an Rücken Aufstellung nehmen. Beim springenden Fuchs, der natürlich sicher angesprochen sein muß, ist schnelles Schießen nötig.

Auf sichernd den Kopf aus dem Bau streckende Füchse darf nicht geschossen werden. Diese eräugen meist jede Bewegung und springen dann nicht mehr. Beim Fuchssprengen achte man ferner stets auf vom Feld zum Bau schnürende Füchse. Diese setzen sich häufig in gewisser Entfernung vor dem Bau sichernd auf die Keulen und können dann geschossen werden.

Zur gegenwärtig nicht offenen Erdjagd auf den Dachs sind nur hierauf leistungsgeprüfte, besonders scharfe Teckel brauchbar, die den Schlägen des Dachses ausweichen können.

Zuvor werden bis auf die Einschliefröhre alle Bauöffnungen mit Ästen und Zweigen verreisert. Es ist Aufgabe des Teckels, den Dachs im Bau aufzuspüren, anzugreifen und hart zu verfolgen, so daß dieser keine Zeit findet, sich zu verklüften oder zu verlieren. Nachdem der Dachs in die Enge gedrängt ist, muß der Hund fest vorliegen und verbellen. Mit dem Ohr auf dem Boden, verfolgen die Jäger liegend das Poltern und Geläut im Bau. Schließlich verhören sie die Stelle, wo der Teckel fest vorliegt und beginnen darüber mit dem Graben. (Einschlagen, Einhauen) Der Einschlag darf nicht zu klein sein und muß hinter dem Hund, nicht auf den Dachs, in die Tiefe getrieben werden, damit dieser den Hund nicht überrennen und in eine andere Röhre entkommen kann. Vor dem endgültigen Durchbruch trägt man die Erde vorsichtig ab, um den Hund nicht zu verletzen. Der sichtbar gewordene Teckel wird abgenommen. Hinter ihm wirft man gleichzeitig die Röhre zu, um ein Flüchten des

Dachses zu verhindern. Anschließend wird der Dachs mit der eisernen Dachszange im Genick ergriffen, aus dem Einschlag gezogen, durch kräftige Schläge betäubt und mit einem tiefen Stich in die Brusthöhle abgefangen. Abschließend sind die eventuelle Wundversorgung des Hundes, das Augenauswaschen sowie Zuschütten des Einschlages nötig.

6. Teckelzucht

6.1. Grundsätzliches

Wer die Teckelzucht aufnehmen möchte, beschaffe sich zunächst die gültige Zuchtordnung. Sie gibt Aufschluß über allgemeine und spezielle Zuchtbestimmungen, Zuchteignung, Zuchtzulassung, Zuchtverfahren, Zuchtberatung, die Begründung eines Zwingers u. a. m. Das Ziel der gegenwärtigen Tekkelzucht ist in den Rassekennzeichen für die einzelnen Haararten bzw. Schläge sowie den Prüfungsordnungen festgelegt. Man ist heute bemüht, typische, anatomisch einwandfreie, leistungsstarke, wesensfeste, passionierte und leichtführige Teckel mit guter Nasenleistung, hoher Schärfe und lockerem Hals zu züchten, die dem Jäger stets zuverlässige Helfer und Jagdgefährten sind. Weitere züchterische Ziele bestehen in der Frühreife, Staupefestigkeit sowie Langlebigkeit des Teckels.
Wir betreiben Hundezucht, um das treueste Haustier des Menschen zu erhalten, für Bedarf und Geschmack des Menschen Sonderformen, d. h. Rassen, zu entwickeln und schließlich bestimmte Erscheinungsformen, Merkmale, Verbesserung der Eigenschaften und der Wesensfestigkeit für die bestimmten Verwendungszwecke zu erreichen.
Alle Züchter sollten bestrebt sein, die Eigenschaften und Leistungen ihrer Rasse nicht nur zu festigen, sondern auch zu steigern. Jede Paarung setzt voraus, daß man die Zuchtziele der Rasse sowie die Elterntiere und deren Ahnen genau kennt. Kynologisch gesehen, ist die lenkende Tätigkeit des Menschen als Züchter darauf gerichtet, durch Paarung wertvoller Elterntiere eine Nachzucht zu erreichen, die sich beim Teckel als Jagdgebrauchshund für die Arbeit über und unter der Erde in hervorra-

genden Leistungen beweist. Der nur annähernd zu bestimmende Zuchtwert eines Hundes wird durch seine Eigenleistung, die Leistung seiner Vorfahren, insbesondere aber die seiner Nachkommen determiniert. Die Zuchteignung ergibt sich aus der Eigenleistung und dem Formwert des Hundes. Die Zuchtzulassung erfolgt auf Zuchtschauen und ist ferner vom Alter des Hundes abhängig.

Als Mindestalter für die erste Zuchtverwendung werden bei Rüden achtzehn Monate, für Hündinnen fünfzehn Monate angenommen. Das Höchstalter beträgt für Rüden zehn Jahre, für Hündinnen acht Jahre. Alle Zuchttiere müssen HD — geröntgt (HD = Hüftgelenksdysplasie) sein. Zur Zucht dürfen nur HD-freie Hunde verwendet werden.

Bei der Teckelzucht werden wie in der allgemeinen Tierzucht verschiedene Zuchtverfahren angewendet. In der Regel wird nur die Reinzucht, d. h. die Paarung von Hunden gleicher Rasse, betrieben. Unter Inzucht verstehen wir die Paarung vom ersten bis zum sechsten Verwandtschaftsgrad. Bei der engsten Form der Inzucht, der Inzestzucht, werden Geschwister untereinander sowie Elterntiere mit ihren Kindern oder Großeltern mit ihren Enkeln verpaart. Die Inzestzucht ist einziger Weg, schnell zu erbreinen Stämmen zu kommen. Sie sollte nur von erfahrenen Züchtern praktiziert werden. Inzucht überhaupt sollte nur in jenen Zuchten angewendet werden, die frei von schlechten Anlagen sind. Welpen bzw. Junghunde mit Fehlern und unerwünschten Eigenschaften dürfen nicht zur weiteren Vererbung kommen. Linienzucht sind solche Zuchten, die auf einer leistungsstarken Mutterlinie aufbauen. Hier werden durchgezüchtete Tiere mit homogener Merkmalsausbildung und hoher Vererbungssicherheit hervorgebracht. Eine bereits vorhandene leistungsstarke Mutterlinie ist Bedingung für diese Zuchtform. Zwinger für das Blutlinienprogramm werden durch die Zuchtkommission vorgeschlagen und von der Zuchtleitung bestätigt. Züchter oder Züchtergruppen müssen sich hier zur freiwilligen Zusammenarbeit bereit finden. Bei der Fremdzucht werden nicht oder nur wenig verwandte Hunde gepaart. Es sind dabei möglichst erbreine Stämme zu wählen.

Zum Entscheiden der Frage, welchen Deckrüden man seiner Hündin zuführen sollte, ist stets ein Zuchtwart zu konsultieren. Er wird auf Grund seiner Sachkenntnisse bemüht sein, die richtige Auskunft zu geben. Nie scheue man bei der Wahl des Deckrüden davor zurück, die Hündin größere Strecken zu transportieren. Entscheidend ist der später erreichte Erfolg.

Man vermeide eine übermäßige Beanspruchung der Zuchttiere. In einem Kalenderjahr darf mit einer Hündin nur ein Wurf gezüchtet werden; entscheidend ist der Wurftag. In jedem Zwinger dürfen jährlich nur drei Würfe fallen.

6.2. Zuchtpraxis

6.2.1. Fortpflanzung

Das Auftreten des Paarungstriebes bei der Hündin bezeichnet man auch als Hitze, weil eine Temperaturerhöhung an den Geschlechtsteilen feststellbar ist. Man spricht ferner von „Läufigkeit", da zur Zeit des höchsten Geschlechtsdranges die Hündin dem Rüden „nachläuft". Bei Junghündinnen tritt die Läufigkeit erstmalig im Alter von sieben bis neun Monaten auf.

Vom ersten Tage der Läufigkeit an gerechnet, liegen die günstigsten Decktage vom elften bis dreizehnten Tag.

Beim Deckakt kommt es infolge Anschwellens des Schwellkörpers beim Rüden sowie gleichzeitige Muskelkontraktion in der Scheide der Hündin zum „Hängen". Normalerweise dauert dies zehn bis zwanzig Minuten, es kann sich aber auch bis zu fünfundvierzig Minuten ausdehnen. Während dieser Zeit fließt der männliche Samen in die Geschlechtsorgane der Hündin.

Im Anschluß an den Deckakt werden die Eizellen befruchtet. Da die zu befruchtenden Eier nicht zur gleichen Zeit reifen, können nach erfolgreicher Paarung auch bei wiederholtem Deckakt noch Eier befruchtet werden. Dies ist nicht nur durch den gleichen Vaterrüden, sondern jeden anderen männlichen Hund möglich. Es ist daher nötig, die Hündin bis zum Abschluß der Läufigkeit sorgfältig unter Verschluß aufzubewahren. Es kann sonst zu einem unerwünschten Decken durch andere Hunde kommen. Daher auch die empfohlene Überdachung des Hundezwingers nach oben hin (vgl. Kapitel 3).

Sollte es zu einem solchen unerwünschten Deckakt gekommen sein, so ist eine Unterbrechung der Schwangerschaft möglich. Dies kann durch tierärztlichen Eingriff bis zu neun Tagen nach dem unerwünschten Deckakt vorgenommen werden. Natürlich ist es Unsinn, daß ein Deckakt mit einem Bastard die Rassehündin für die Zucht verdirbt. Die Läufigkeit endet, wenn die Hündin sich dem Rüden widersetzt, ihn abbeißt und den Deckakt verweigert.

Es kann zu sogenannter Scheinträchtigkeit bei Hündinnen kommen. Diese zeigen dann neun Wochen nach ihrer Läufigkeit typische Trächtigkeitsmerkmale; sie scheiden auch Milch aus. Dabei bauen sie ihr Nest und benehmen sich ebenso unruhig, wie eine wirklich werdende Mutter. Durch Absaugen der Milch sowie Einpinseln der Milchdrüsen mit jodartigen Präparaten, kann man hier der Hündin Erleichterung verschaffen. Am besten sind jedoch Einspritzungen durch den Tierarzt; sie lassen die Erscheinungen sofort abklingen.

Etwa neun Wochen umfaßt die Trächtigkeit. Vom sechzigsten bis zum vierundsechzigsten Tag kann der Züchter mit dem Wurfakt rechnen. Unnötige Sorgen braucht man sich jedoch nicht zu machen. Es kann auch vorkommen, daß Würfe schon am fünfundfünfzigsten oder erst am siebzigsten Tag fallen. Dennoch sollte stets der Tierarzt konsultiert werden, wenn bis zum vierundsechzigsten Tage das Werfen nicht erfolgt ist.

Nach etwa vier Wochen runden sich bei der Hündin die Flanken, und es schwellen die Milchleisten an. Die Hündin wird jetzt bewegungsunlustig, faul aber auch sehr freßsüchtig. Man muß nun bemüht sein, der Hündin ausreichend Bewegung zu verschaffen. Je mehr dies gelingt, umso leichter vollzieht sich das Werfen. Die Fütterung darf nicht reichlicher, soll aber qualitativ besser werden. Kalk und reichlich Eiweiß (Fleisch, Quark, Eier) dürfen nicht fehlen. Auch achte man auf viel Vitamine, vor allem durch Zufütterung roher Möhren. In den ersten Trächtigkeitswochen muß die Hündin von Band- und Spulwürmern befreit werden. Kurz vor dem Werfen, prüfe man sie auf Hautparasiten.

Zwei Wochen vor dem Werfen kommt die trächtige Hündin in ihre Wurfkiste. Diese soll so groß sein, daß sich das Tier darin bequem drehen und bewegen kann. Als Unterlage nehme man eine Schicht Zeitungspapier, über die ein Scheuertuch oder dergleichen gelegt wird. Stets vermeide man Stroh oder ähnliches, da alles durch die Mutter sofort aus der Kiste herausgewühlt wird. Der Einstieg betrage für die Hündin 10 cm über dem Boden, so können die Dackelkinder nicht aus dem „Bett" fallen. Zweckmäßig ist auch eine ringsherum in der Kiste angebrachte Leiste bis zu 8 bis 10 cm über dem Boden. Sie verhindert, daß keines der Neugeborenen erdrückt wird, wenn es zwischen Wand und Mutter gerät. Unabhängig vom Aufstellen der Wurfkiste — ob im Zwinger oder Zimmer — soll diese nach oben hin stets durch einen Deckel bzw. eine straff gespannte Decke abgeschirmt werden.

Der nahende Wurfakt macht sich durch Absinken der Normaltemperatur auf bis zu unter 37 C° bemerkbar. Nun werden in-

nerhalb der folgenden vierundzwanzig Stunden die Wehen einsetzen. Beim Werfen achte man darauf, jegliche Störungen, aber auch Zugluft, fernzuhalten. Der Nachwuchs kommt meist in Abständen von dreißig Minuten. Sollten die Pausen etwas länger werden, darf der Züchter nicht die Geduld verlieren. Trockne warme Umschläge im Kreuz können die Wehen fördern; auch das teelöffelweise Eingeben gesüßten Bohnenkaffees. Bei allen weiteren Störungen informiere man sofort den Tierarzt, der allein wirksame Hilfe geben kann. Auch wenn trotz Wehen keine Welpen kommen, sofort den Tierarzt hinzuziehen! Alles übrige beim Werfen überlasse man der Hündin. Folgen allerdings die Welpen so rasch aufeinander, daß die Mutter nicht rechtzeitig abnabeln kann, so muß man eingreifen. Gleiches gilt auch, wenn eine junge Hündin ihre Babys in der Fruchthülle liegen läßt und sich nicht um sie kümmert. Man reißt dann mit den Fingern ein Loch in die den Welpen umgebene Fruchthülle und das Kleine rutscht von selbst heraus. Die Nabelschnur trennen wir am besten mittels Durchkneifen mit den Daumennägeln.
Die geworfenen Welpen werden durch die Hündin beleckt; dadurch kommt bei ihnen die Atmung in Gang. Falls dies unterbleibt, kann der Züchter es versuchen, das Neugeborene mit einem Tuch zu frottieren, bis es durchatmet und kräftig schreit. Bei wirklich Totgeborenen zeigen schon Zeichen der Verwesung auf einen Tod im Mutterleib hin. Bei allen übrigen Störungen des Wurfaktes muß man einen Tierarzt zu Hilfe nehmen.
Die Nachgeburt wird von der Hündin gefressen; hier sind Hormone enthalten, die den weiteren Geburtsverlauf beschleunigen und die Milchbildung anregen. Selbst das Saugen der Welpen während der Geburt hat einen geringen günstigen Einfluß auf die weitere Wehentätigkeit.
Im Anschluß an den Wurfakt vollzieht sich die Rückbildung der Gebärmutter sowie das Ausstoßen eines grünlichen Lochialsekretes. Der Fluß dauert im allgemeinen sieben bis zehn Tage, zuweilen sogar bis zu achtundzwanzig Tagen. Insgesamt verläuft die Regeneration innerhalb von vier bis sechs Wochen.

6.2.2. Welpenaufzucht

Unseren neugeborenen Hundekindern sieht man zunächst nicht an, was aus ihnen werden soll. Alle kommen mit runden Köpfen auf die Welt. Selbst die Läufe sind bei allen gleich lang; rassetypische Merkmale entwickeln sich erst später.

Vom siebenten Tage nach der Geburt an kommt die Mutterhündin mit ihrem Wurf in die Aufzuchtkiste. Diese muß gleichfalls einen aufklappbaren Deckel besitzen und von vorn Licht und Luft hereinlassen. Bis zum vierzehnten Tag, der vollen Entwicklung ihrer Augen, sind die Welpen vor direkter Lichtzufuhr zu schützen. Eine Ammen- oder Flaschenaufzucht ist nur gestattet, wenn die Mutterhündin erkrankt oder verendet ist. Dem Wurfmeldeschein muß hier ein entsprechendes tierärztliches Attest beigefügt werden.

Durch den Zuchtwart müssen alle Würfe mindestens zweimal besichtigt werden. Die Erstbesichtigung hat nach der ersten Lebenswoche, die Wurfabnahme nach der achten Lebenswoche zu erfolgen. Zur eindeutigen und dauerhaften Kennzeichnung werden die Welpen bei der Wurfabnahme in die Innenseite des rechten Behanges tätowiert. In jedem Wurf ist die Höchstzahl der zu belassenden Welpen auf sechs zu begrenzen. Im Beisein des Zuchtwartes sind spätestens bis zum siebenten Tag überzählige Welpen schmerzlos zu töten.

In den ersten Wochen beschränken sich die Pflichten des Züchters darauf, die Mutterhündin gut zu füttern. Sie erhält eiweiß- und vitaminreiche Kost sowie genügend Milch. Wenn durch das Säugen Überanstrengungen auftreten, zeigen sich diese durch Magerkeit und Haarausfall. Durch Belecken der Kinder

Abb. 41   Rauhhaarteckelhündin mit Welpen (Foto: Schwark)

sorgt die Hündin für deren gute Verdauung und nimmt dabei auch deren Urin und Kot auf.

Von der vierten Woche an beginnt die Zufütterung der Welpen wie im Kapitel 3 bereits dargestellt. Jeder Welpe muß seinen eigenen Futternapf haben. Immer sollte den Welpen frisches Wasser zur Verfügung stehen, sie werden im allgemeinen wenig davon trinken. Milch ist in jeder Form ein gutes Nahrungsmittel. Die gesunde Hündin ernährt ihre Welpen mindestens acht Wochen. (Abb.41). Eine Ammen- oder Flaschenaufzucht sollte nur erfolgen, wenn die Mutterhündin erkrankt oder verendet ist.

7. Vorbereitungen auf Prüfungen

Prüfungen haben die Aufgabe, Erbwert, Anlagen und Leistungen von Hunden festzustellen(Abb. 42). Waidgerechte Haltung umschließt auch, seinen Hund erfolgreich zu den wichtigsten Prüfungen zu führen. Zumindest die sogenannte Vielseitigkeitsprüfung oder Schweißprüfung sollte jeder Teckel absolvieren. Fordern doch die Ausführungsgesetze der Bundesländer zum Bundesjagdgesetz vom Jagdausübungsberechtigten die Haltung eines zur Nachsuche brauchbaren Jagdhundes, sofern diesem nicht brauchbare Jagdhunde anderer Hundehalter regelmäßig zur Verfügung stehen. Teckel werden hierbei im allgemeinen als „brauchbar" erklärt, wenn sie die Vielseitigkeitsprüfung (Vp) oder Schweißprüfung (SchwhK oder SchwhN) bestanden haben.

Natürlich ist der geprüfte Jagdhund noch lange nicht firm. Dazu wird er erst durch langjährigen, intensiven — nicht sporadischen — jagdlichen Einsatz. Die größte Chance zur Meisterschaft aufzurücken, hat zweifellos der Spezialist auf Schweiß oder in der Stöber- bzw. Bauarbeit. Es sei denn, man wünscht, wie die meisten Jäger, einen vielseitigen Gebrauchshund.

Bevor man mit der Vorbereitung seines Hundes auf Prüfungen beginnt, beschaffe man sich rechtzeitig die neueste Prüfungsordnung des Deutschen Teckelklubs und mache sich damit gründlich vertraut. Ständig sind erfahrene Waidmänner im Deutschen Teckelklub bemüht, die Prüfungsordnung zur Förderung der kleinsten deutschen Jagdhundrasse weiter zu entwickeln und möglichst praxisverbunden zu gestalten.

Es ist jedem Jäger dringend zu raten, vorher orientierend an mehreren Prüfungen der betreffenden Fächer persönlich teilzunehmen. Nur so kann man sich gründlich über Anforderungen und Atmosphäre der Prüfungen informieren. Es wird anschaulich klar, was unserem Teckel zum letzten „Prüfungsschliff" noch fehlt und wir werden vor vielleicht bitteren Enttäuschungen bewahrt.

Nie lasse man sich bei Prüfungen von Nervosität befallen. Sie überträgt sich sofort auf den Hund. Dieser ist an einem solchen Tage ohnehin genau so und noch mehr belastet als sein Führer. Die ungewohnt lange Autofahrt, viele Menschen und Hunde, darunter vielleicht sogar eine „halbläufige" Hündin, können unseren Gefährten ablenken, durcheinanderbringen. Man versuche Ruhe und Besonnenheit auszustrahlen; sie wird sich auch auf den Vierbeiner übertragen.

Folgende Prüfungen für Teckel werden durchgeführt:

— Spurlautprüfung (Sp),
— Bauprüfung auf Fuchs (BhF) und auf Dachs (BhD) im Kunstbau (Zusatz K) oder Naturbau (Zusatz N),
— Schweißprüfung auf der Kunstfährte (SchwhK) und auf der Naturfährte (SchwhN),
— Stöberprüfung (St),
— Vielseitigkeitsprüfung (Vp),
— Prüfungen für Kaninchenteckel: Kaninchenschleppe — Herausziehen (KSchlH) und Kaninchensprenger — Natur (KSprN).

Abb. 42 Rauhhaarteckelrüde Dirk vom Lohberg — ZP/A, ZP/B, GP, BhDK, GSP-Anerkennung als Deckrüde (Foto: Schwark)

Die *Spurlautprüfung* (Sp) ist eine reine Anlagenprüfung. Sie wird als Hauptfach gewertet. Die Prüfung ist in einem Feldrevier mit gutem Hasenbesatz und nur auf der Hasenspur vorzunehmen. Es soll der lockere Hals des Teckels festgestellt werden. Der reine Spurlaut ist einwandfrei zu ermitteln, wenn der Hund den Hasen nicht gesehen hat. Nur sichtlaute bzw. stumme Hunde scheiden bei der Prüfung aus.

Nach Formwertfeststellung und Auslosung der gemeldeten Hunde begeben sich die Hundeführer mit ihren Hunden und dem Richter in das Suchgelände. Sowie ein Hase aus der Sasse fährt, wird der entsprechende Hundeführer mit Teckel herangewinkt. Er muß diesen zehn bis zwanzig Meter vor der warmen Sasse schnallen. Der Teckel hat jetzt Sasse und Spur des Hasen zu suchen und diese lauthals aufzunehmen. Wenn ihm dies nicht gelingt, wird er an einer Hasensasse angesetzt. Insgesamt dürfen nicht mehr als drei Hasen gearbeitet werden, um den Spurlaut zu beurteilen. Wenn der Hund an mehreren Hasen geprüft wurde, gilt nicht die höchste Wertung, sondern der Gesamteindruck. Witterungsverhältnisse und Boden sind bei der Bewertung zu berücksichtigen.

Viele Teckel folgen der Hasenspur schon mit einem halben Jahr. Diese Frühreife ist besonders wertvoll und wird bis zu zwölf Monaten, bei bestandener Spurlautprüfung, mit dem Ehrenzeichen „Jugend" (J) ausgezeichnet. Spätreife Hunde zeigen den Spurlaut erst im späteren Alter.

Zur Vorbereitung des Teckels auf die Spurlautprüfung muß man den Hund an vielen Hasenspuren üben. Ferner ist darauf zu achten, daß der Teckel die vor ihm aus der Sasse fahrenden Hasen möglichst nicht äugen kann. In Waldrevieren ist das Abrichten auf der Hasenspur häufig nicht einfach, da hier Reh- und Rotwild meist zahlreicher sind als Hasen. Besonders die Rehfährte aber, hat für den Teckel eine besondere Anziehungskraft. Bei der Spurlautprüfung werden nicht nur der Spurlaut schlechthin geprüft, sondern auch Nasengüte, Spurwille und Spursicherheit. Vor der Prüfung muß der Teckel daher mehrfach bewiesen haben, daß er die Hasenspur nicht nur lauthals verfolgen kann, sondern auch in der Lage ist, diese wiederzufinden, falls er sie verloren haben sollte. Er muß ferner die Hasenspur mit Ausdauer über möglichst weite Strecken verfolgen. Nur mit dem wirklich gründlich vorbereiteten, zugleich aber noch möglichst jungen Hund sollte man die Spurlautprüfung aufsuchen.

Die *Bauprüfung* am Fuchs (BhF) und am Dachs (BhD), im

Kunstbau (Zusatz K) und Naturbau (Zusatz N) sollte möglichst auch im jugendlichen Alter erfolgen. Ist doch Naturschärfe wie Spurlaut eine Sache der Veranlagung. Es muß aber der Teckel schon in seinem Wesen genügend gefestigt sein. Zu frühes Einfahren in den Bau kann den Hund ängstlich oder übervorsichtig machen. Den frühreifen Hund kann man schon mit weniger als einem Jahr in den Bau lassen. Bei spätreifen Hunden ist es besser, noch etwas zu warten.

Die bereits beschriebene Bauarbeit (vgl. Kapitel 4) führt in keiner Weise zu Tierquälerei. Die durch Jäger unter vorbildlichen Bedingungen gehaltenen Schliefenfüchse und Schliefendachse werden durch den Erdhund kaum gefährdet. Andererseits sind bei sachgerecht ausgeführter Kunstbauarbeit keine ernsthaften Verletzungen der Teckel durch das Raubwild zu befürchten. Es ist völlig abwegig, hier von Tierquälerei zu sprechen. Der Kunstbau ist die einzige Möglichkeit, den Teckel im Kampf mit dem Raubwild zu ertüchtigen. Damit gelingt es, dieses aus dem Bau zu sprengen bzw. zu graben und damit waidgerecht zu erlegen. Die Bauarbeit liegt also auch im Interesse des Raubwildes, das auf der Erdjagd im wesentlichen schmerzlos getötet werden kann. Mit Hilfe von Fallen ist dies leider nicht immer gewährleistet. Ferner ist die Erdjagd eine wichtige Maßnahme zur Bekämpfung der Tollwut sowie Regulierung des Fuchsbesatzes, und sie trägt schließlich zum Verhindern von Geflügelverlusten in der Landwirtschaft bei. Wenn eine tollwutfreie Lage es ermöglicht, kann die Bauprüfung auch im Naturbau abgelegt werden.

Die *Schweißprüfung* wird im allgemeinen auf der Kunstfährte (SchwhK), aber auch auf der Naturfährte (SchwhN) ausgeführt.

Schweißarbeit ist auch bei der Prüfung vor allem Riemenarbeit. Mit tiefer Nase muß der Teckel auf oder neben der Fährte am mindestens 6 m langen Riemen selbständig zum Wild führen. Eine nicht gearbeitete Fährte können die Richter durch einen anderen Hund arbeiten lassen. Natürlich steht jedem Hundeführer eine neue Fährte zu, falls der Vorgänger mit seinem Hund die Fährte auch nicht arbeiten konnte. Der Hundeführer muß sich vor der Prüfung verbindlich entscheiden, ob er reine Riemenarbeit oder Totverweisen bzw. Totverbellen vorführen will. Hunde jeden Alters werden zur Prüfung zugelassen. Die künstliche Schweißfährte ist eine Übernachtfährte, sie beträgt 1 000 bis 1 200 m und enthält drei möglichst rechtwinklige Haken. Die Fährte soll in wildreichen Revierteilen liegen. Der Anschuß ist möglichst auf Wiesen, Feldern, Wegen und Kulturen vor dem Walde anzulegen und muß dann in diesen hineinführen. Wundbetten sind deutlich zu markieren. Für die 1 000 m lange Schweißfährte darf höchtens ¼ Liter Schweiß verwendet werden. Es soll nach Möglichkeit Wildschweiß (nicht vom Schwarzwild) verwendet werden oder diesem ähnlich präpariertes Blut. Die verwendete Schweißart darf nicht gewechselt werden. Stets ist bei einer Schweißprüfung einheitlich zu tropfen oder zu tupfen. Bei Schneelage dürfen keine Schweißprüfungen durchgeführt werden.

Dem abgekommenen Hund ist ausreichend Gelegenheit zu geben, sich zu verbessern. Er darf daher nicht vor etwa 100 m nach dem Abkommen zurückgerufen werden. Auch sollten die Richter nicht erkennen lassen, daß der Hund abgekommen ist.

Bei der Schweißprüfung handelt es sich nicht mehr um eine Anlagenprüfung. Der Hund muß hierzu gründlich abgerichtet sein. Wie bereits beschrieben (vgl. Kapitel 4) führe man seinen Hund so früh wie möglich auf der künstlichen Wundfährte. Diese darf nicht nur auf Sportplätzen und dergleichen angelegt werden, wo keine Verleitfährten bzw. -spuren vorhanden sind, sondern auch im Revier. Schließlich werden Schweißprüfungen nicht in wildleeren Räumen abgehalten. Der nicht auf der Übernacht-Schweißkunstfährte abgerichtete Teckel wird immer dazu neigen, den frische Wildwitterung ausstrahlenden Verleitfährten zu folgen. Auch in der Länge der Kunstfährte muß man sich den Prüfungsbedingungen anpassen. Wer seinen Teckel z. B. immer nur auf einer 300 m langen Kunstfährte geführt hat, kann nicht erwarten, daß dieser bei der Prüfung eine 1 000 m lange Fährte arbeitet.

Ferner darf man sich nie darauf verlassen, daß auf der Naturfährte bei vielen Nachsuchen in der Praxis bewährte Hunde auch die Schweißprüfung auf der Kunstfährte ohne jede Vorbereitung bestehen. Sicher wird die Naturfährte vielfach meist schwieriger sein als die Kunstfährte. Doch der ältere, aus der Praxis kommende Hund, kann ohne Einarbeitung nicht mit der Kunstfährte fertig werden. Er „nimmt sie nicht für voll".

Grundsatz also muß sein, vor der Prüfung mit jedem Hund — ob jung oder älter, nachsuchenerfahren oder nicht — eine ausreichende Anzahl von Kunstfährten entsprechend den Bedingungen der Prüfungsordnung zu arbeiten. Vor dem Beginn der Prüfung sollte der Hund sich unbedingt auslaufen und seine Notdurft verrichten können. Er hat dann die nötige Ruhe für die Schweißarbeit. Abgesehen davon, daß der auf der Wundfährte sich lösende Hund unschön wirkt, lenkt dies ihn auch vorübergehend ab. Auch und gerade bei Prüfungen wird der Hund vor Beginn der Arbeit in der Nähe des Anschusses abgelegt. Wir untersuchen diesen und dann beginnt vorschriftsmäßig die Arbeit. Das sachgerechte Abdocken des Schweißriemens gehört dazu. Wenn Hundeführer anstelle des ordentlich aufgedockten Schweißriemens mit einem wirren Riemenknäuel zur Prüfung erscheinen, kopflos und im Galopp die „Nachsuche" aufnehmen, den verunsicherten Hund anschreien, weiß man bereits, wie diese Kandidaten sich vorbereitet haben und alles enden wird. Am gefundenen Stück darf der Hund leicht zerren und rupfen, aber keinesfalls anschneiden. Nach bestandener Prüfung übergibt der Richter dem Hundeführer den Bruch. Dann wird durch ihn oder eine Hilfsperson das Stück verblasen.

Die *Schweißprüfung auf der Naturfährte* (SchwhN) gibt praxiserprobten Teckeln die Möglichkeit, ihre Fähigkeiten zu beweisen. Bedingung ist eine erfolgreiche Nachsuche im Revier. Zur Bestätigung dieser Naturarbeit sind zwei glaubwürdige Zeugen nötig. Sie bescheinigen unterschriftlich den Bericht über die Umstände und den Verlauf der Arbeit. Der besondere Wert der Naturschweißprüfung besteht darin, auch praxisbewährten Hunden das Leistungszeichen geben zu können, die nur Naturfährten kennen und schwer auf Kunstfährten umzustellen sind.

Bei der *Stöberprüfung* (St) muß der zu prüfende Hund in jedem Abrichtungsfach eine Leistung zeigen. Die Prüfung ist nicht bestanden, wenn er in einem Fach nur die Note ungenügend erhält. Für die Stöberprüfung im Rahmen der Vielseitigkeitsprüfung gilt dieser Passus nicht.

Zur Prüfung sind nur geschlossene Waldparzellen von mindestens 1 ha Größe geeignet, in denen Schalenwild, Raubwild und Hasen vorkommen. Der Teckelführer kann entscheiden, ob er den Hund von seinem Platz aus in das Treiben schicken will oder ihn ablegen und aus schrotschußweiter Entfernung durch Handzeichen in das Gehölz dirigieren möchte. Letztere Arbeit ist höher zu bewerten. Die Stöberparzelle darf durch den Hundeführer nicht betreten werden. Auf der reinen Stöberprüfung muß jeder Teckel Gelegenheit haben, in mindestens zwei, höchstens drei, verschiedenen Parzellen zu arbeiten. Wenn er in einer Parzelle kein Wild findet, so ist hier ein anderer Teckel einzusetzen. Findet dieser, so wird die Arbeit des ersten Hundes als Fehlsuche angerechnet. Zum Stöbern müssen die Richter und eventuelle Schützen die Parzelle umstellen. Der Teckel soll selbständig und ausgiebig sowie weitausholend suchen.

Abb. 43   Kaninchenteckel zieht Kanin aus dem Bau

Rändern oder Kleben am Führer ist kein Stöbern. Beim Aufstöbern von Haarwild muß der Hund lauthals folgen, bis es das Treiben verlassen hat oder geschossen ist. Bei der Stöberprüfung werden noch Leinenführigkeit, Ablegen und Schußfestigkeit sowie Benehmen auf dem Stand beim Treiben geprüft.
Mit der Prüfung in den Gehorsamsfächern bei der Stöberprüfung hat sich der Teckel zugleich als brauchbarer Begleiter für Pirsch, Ansitz, Drück- und Treibjagd erwiesen. Ein guter Stöberteckel erspart Treiber, die immer schwieriger zu bekommen sind.
In der *Vielseitigkeitsprüfung* (Vp) beweist der Teckel seine Leistungen als Gebrauchshund. Sie umfaßt alle Tätigkeiten, die wir unserem Jagdgefährten abverlangen können — mit Ausnahme der Bauprüfung — und umfaßt:
— Spurlaut
— Stöbern
— Schweißarbeit
— Leinenführigkeit
— Ablegen
— Schußfestigkeit und Benehmen auf dem Stand.
Die Anforderungen an die Schweißarbeit sind allerdings wesentlich geringer. Bei der Vp ist die Kunstfährte nur mindestens zwei Stunden alt, 600 m lang und hat zwei rechtwinklige Haken.

Abb. 44   Vom Kaninchensprengen zurück

Bei der erfolgreichen Vorbereitung auf die Vielseitigkeitsprüfung sollte man das Abrichten auf Stöbern und Schweißarbeit
nicht streng zeitlich voneinander trennen. Die Riemenarbeit
würde sonst immer darunter leiden. Es empfiehlt sich vielmehr,
Schweißarbeit und Stöbern stets zu kombinieren. Daneben
vergesse man nicht ein ausreichendes „Training" in den Abrich-
tefächern. Fakultativ kann bei der Vp auch die Wasserfreude
geprüft werden. Auf den Ausgang der Prüfung und den zu ge-
währenden Preis hat dies jedoch keinen Einfluß.
Die *Prüfung für Kaninchenteckel* wird in den Formen „Kanin-
chenschleppe-Herausziehen" (KSchlH) und „Kaninchensprenger-Natur" (KSprN) durchgeführt. Bei der erstgenannten Prüfung wird vom mittels Kaninchenwolle markierten Anschuß mit
einem geschossenen Kanin eine mindestens 250 m lange
Schleppe zum Bau gemacht, die einen Haken aufweisen muß.
Das geschleppte Kanin legt man dann mindestens 1,50 m tief in
die Röhre.
Die Schleppe ist mit dem Kaninchenteckel am Schweißriemen
auszuarbeiten. Die letzten 50 m kann der Hund frei arbeiten,
muß selbständig zum Bau finden, einschliefen und das dort hin-
eingelegte Kanin herausziehen (Abb. 43). Wenn er letzteres
nicht tut, hat er die Prüfung, auch bei sonst guten Leistungen,
nicht bestanden. Bei der Prüfung „Kaninchensprenger — Natur"

werden im Kaninchennaturbau das Finden, passionierte Verfolgen mit lautem Hals sowie Sprengen oder Würgen und Herausziehen von Kaninchen bewertet. Den ersten Preis beim Leistungszeichen KSprN kann allerdings nur ein Hund erhalten, der vorher oder nachher den Spurlaut wie auch die Wesensfestigkeit bewiesen hat (Abb. 44).

8. Literaturverzeichnis

Autorenkollektiv: Lexikon Weidwerk. Herausgegeben von *K. Lemke,* VEB Deutscher Landwirtschaftsverlag, Berlin 1981

Blase, R.: Die Jägerprüfung und Wissenswertes für den Jäger in Frage und Antwort. Zwölfte Auflage, Verlag J. Neumann — Neudamm, Melsungen 1960

Corneli, R.: Der Dachshund, seine Geschichte, Zucht, Abrichtung und Verwendung . . . Verlag Paul Parey, Berlin 1885

Diezel: Diezel's Niederjagd. Fünfte Auflage. Verlag von Paul Wiegandt, Hempel & Parey, Berlin 1880

Döbel, H. W.: Jägerpractica. Leipzig 1746

Dunze, F.: Rechtsfragen der Jägerpraxis in Hessen. Verlag J. Neumann-Neudamm 1980

Eiserhardt, H.: Die Führung des Jagdhundes im Feld, am Wasser und im Wald. Vierte Auflage, Verlag Paul Parey, Hamburg und Berlin 1967

Engelmann, F., Bandel,R.: Der Dachshund. Vierte Auflage, Verlag J. Neumann-Neudamm, Melsungen 1981

Fleming, H. F. v.: Der vollkommene Teutsche Jäger. Leipzig 1719

Fouilloux, J. du: La Venerie, Poitiers 1561

Frevert, W.: Die gerechte Führung des Hannoverschen Schweißhundes. Zweite Auflage, Verlag Paul Parey, Hamburg und Berlin 1953

Fries, S. R.: Sünden rings um die Schweißarbeit. Wien 1960

Granderath, F.: Hundeabrichtung. Fünfte Auflage, Neumann-Verlag 1957

Grzimek, E.: Grzimeks Tierleben, Enzyklopädie des Tierreiches. Band 1 bis 13. Deutscher Taschenbuchverlag GMBH & Co KG, München 1979

Hegendorf: Der Gebrauchshund. Verlag Paul Parey 1951

Lemke, K.: Jagdliches Brauchtum. Zweite Auflage, VEB Deutscher Landwirtschaftsverlag, Berlin 1977

Lux, H.: Auf der Rotfährte. Verlag Paul Parey, Hamburg und Berlin 1966

—, Der Jagdteckel, Ausbildung und Führung. Dritte Auflage, Verlag Paul Parey, Hamburg und Berlin 1974

Marx-Kruse, M., Campe, E. v.: Chronik der Deutschen Jagd. Wilhelm Langewiesche-Brandt, Ebenhausen 1937

Most, K.: Die Abrichtung des Hundes. Zwölfte Auflage, Braunschweig 1951

Nüßlein, F.: Jagdkunde. Zehnte Auflage, DLV Verlagsgesellschaft München, Wien, Zürich 1980

Pärson, J. W. v.: Der edle hirschgerechte Jäger. Leipzig 1734

Raesfeld, F. v.: Das Deutsche Weidwerk. Achte Auflage. Herausgegeben von W. Frevert, Verlag Paul Parey, Hamburg und Berlin 1957

Rolfs, K.: Abrichten des Jagdhundes. Dritte Auflage, VEB Deutscher Landwirtschaftsverlag, Berlin 1982

Schneider-Leyer, E.: Mein Freund der Dachshund. Dritte Auflage, Verlag Eugen Ulmer, Stuttgart 1968

Schulze, H.: Jagdhunde einst und jetzt. Landbuch-Verlag, Hannover 1965

Senf, F.: Schweißarbeit auf künstlicher und natürlicher Wundfährte. Herausgegeben im Auftrag der Bezirksjagdbehörde Erfurt 1978

Sierts-Roth, U.: Der Dackel. A. Ziemsenverlag, Wittenberg-Lutherstadt 1957

Tembrock, G.: Grundlagen der Tierpsychologie. Akademieverlag, Berlin 1963

Tembrock, G.: Tierpsychologie. Ziemsenverlag, Wittenberg-Lutherstadt 1956

Wagenknecht, E.: Jagdliche Einrichtungen. VEB Deutscher Landwirtschaftsverlag 1973

Witzel, K.: Der Teckel als Jagdgebrauchshund. Paul Schettlers Erben, Gesellschaft M. B. H. Verlagshandlung und Hofbuchdruckerei, Cöthen-Anhalt o. J.

Zeiss, C.: Lexikon der Weidmannssprache. Hubertusverlag, Wien 1961

9. Sachwortverzeichnis

Ablegen 71
Abrichtung 59
Abrichtungsgrundsätze 59
Abtragen 30
Abwürgen 30
Abziehen 30
Acanthosis 49
Ahnentafel 117
Alleinfutter 53
Ammenaufzucht 122
Anäugen 30
Anlagenprüfung 126
Annehmen 30
Anschneiden 30
Anschuß 97
Anschußbruch 101
Anspringen 68
Appell 30
Apportierbock 63
Apportieren 30, 75
Arbeit auf der Hasenspur 70, 126
Äserschuß 95
Atemfrequenz 48
Aufzuchtkiste 122
Auge 15
Äugen 30
Augenhöhle 17
Backenzähne 17
Baden 30
Bandwürmer 30
Bart 30
Bauarbeit 89

baulaut 30
Bauprüfung auf Dachs (BhD) 125, 126
Bauprüfung auf Fuchs (BhF) 125, 126
Becken 17
Beckengelenk 17
Begrüßung 29
Behang 15, 16,
Behänge 30
Beifutter 43
Benehmen auf dem Stand 111, 130
Blattschuß 96
bogenrein 30
Brauchtum 28
Bringsel 87
Brustbein 17
Brustbeinspitze 16
Brustkorb 17
Changieren 30
Corneli 59
Dachshund 10
Dandie-Dinmont-Terrier 11
Deckakt 119
Decke 30
Decken 30
Deckrüde 119
Demodikose 50
Deutscher Teckelklub 11
Diezel, K. E. 10, 14
Döbel, H. W. 10

dreigliedriger Bandwurm 50
Drosselschuß 96
Durchfall 51
Eckzähne 17
Eigenleistung 118
eigentlicher Rücken 16
Einhodigkeit 20, 33
Einschliefen 30, 92
Eklampsie 51
Ekzeme 51
Ellbogen 16, 17
Elle 17
Eräugen 30
Erdjagd 30
Erdjagd, Dachs 89, 114
Erdjagd, Fuchs 89, 114,
Ersatzmeute 59
Fahne 30
Fährtenbruch 101
Fährtenkreuz 83
Fährtenlänge 78
Fang 30
Fangpartie 16
Farbe 23
Fasch 32
Fassen 30
Faßbeinigkeit 20
Fehlschuß 96, 97
Fell 30
Feuchten 30
Feuchtblase 30
Feuchtglied 30
Fiebermessen 49
firm 30
Fischaugen 15
Flachbau 115
Flanke 16, 30
Flaschenaufzucht 122
Fleming, H. F. 10
Flöhe 46
Fortpflanzung 119
Fouilloux, Jacques du 10
Frei-bei-Fuß-Gehen 65
Führerfährte 70
Führerleine 62
Führigkeit 65
Führung, Ansitz 108
Führung, Bauarbeit 114

Führung, Brackieren 113
Führung, Pirsch 108
Führung, Stöbern 113
Führung, Suchjagd auf Sauen 112
Führung, Wundfährte 93
Futternapf 45
Futterstoffe 44, 45
Fütterung 43
Futterzeit 45
Futterzusammensetzung 43
Gebrechschuß 45
geflügelform 70
Gehörgangsekzem 53
Gehörnschuß 95
Genick 16
Genossenmachen 31, 107
Gesäuge 31
Gescheide 31
Geschröte 31
Geweihschuß 95
Glasaugen 15, 20
Glotzaugen 20
Grubenkopfbandwurm 50
Haarlinge 56
Hahn, Klaus, Graf 11
Halsschuß 95
Halswirbel 15, 17
Haltung 36
handscheu 31
Handwurzel 17
Hären 31
Hasenspur 70
Hartballenkrankheit 55
Hegerruf 29
Herankommen 64
Herzschuß 95
Hetzen 31
Hetzlaut 31
Heulen 31
Hinterhauptbein 17
Hinterhauptbeinstachel 16
Hintermittelfuß 16
Hinterpfote 16,19
Hitze 119
Hochblattschuß 95
Hoden 31
Hodenlosigkeit 20
hoher Keulenschuß 95

Hohlschuß 95
Holzböcke 47
Hörzeichen 61, 64
Hundebürste 45
Hundehaus 40
Hundehütte 37
Hundekauf 34
Hundekrankheiten 48
Hundepfeife 63
Hundepflege 45
Hunderuf 29
Hündin 31
Hütte 40
Hüftgelenkdysplasie,
  HD 52
Ilgner, Emil 11
Indischer Wolf 9
Interbau 89, 90
Inzestzucht 118
Inzucht 118
Jacke 30
jagdpraktische Führung 93
jagdspezifische Abrichtung 70
Jochbein 17
Kaninchenteckel 28
Kaninchensprenger-Natur
  (K Spr N) 125, 131
Kaninchenschleppe-Herauszie-
  hen (K Schl H) 125, 131
Karbalballen 16
Karpfenrücken 20
Kehlrand 16
Kessel 90
Keule 16, 31
Keulenschuß 45
Knie 16
Kniegelenk 17
Knurren 31
Kopfschuß 95
Korallenhalsband 62
Kotuntersuchung 49
Kralle 16
Krellschuß 98
Kruppe 16
Kuhhessigkeit 20
Kunstbau, 89, 90
Kunstbau (Zusatz K) 125, 127
künstliche Wundfährte 76

Kurzhaarteckel 22
Lager 31
Läufe 31
Läufigkeit 119
Laufschuß 95
Laufverkürzung 9
Laufzeit 31
Läuse 46
Laut geben 31
Langhaarteckel 25
Lederhalsband 62
Leberschuß 96
Leberentzündung 55
Lefzen 31
Lefzenwinkel 16
leichter Schlag 20
Leinenführigkeit 65
Lendenpartie 16
Lendenwirbel 17
Leptospirose 52
Liegeraum 36
Linienzucht 118
Lösen 31
Losung 31
Laufschuß 96
Lungenschuß 96
Manessische Liederhandschrift 9
Maulkorb 63
Meuteführer 60
Meutetier 59
Milzschuß 98
Mitführen, Ansitz 72
Mitführen, Drückjagd 72
Mitführen in Fahrzeugen 68
Mitführen, Pirsch 72
Mittelhandknochen 17
Mundwinkelstoß 61
Nachsuche 99
Nackenpartie 16
Nase 32
Nasenkuppe 16
Nasenleistung 13
Nasenschwamm 16
Nässen 32
Naturbau (Zusatz N) 125, 127
Niederziehen 32
Nierenentzündung 53
Nierenschuß 96, 99

Oberarm 16, 17
Oberkiefer 16, 17
Oberkopf 16
Oberschädel 17
Oberschenkel 16, 17
Ohrmuschelekzem 53
Ohrräude 53
Ohrzwang 53
Parvovirus-Infektion 54
Perlaugen 15
Pfannengelenk 17
Pfoten 32
Pirschzeichen 95, 97
Prägungsphase 61
Prüfung, Kaninchensprenger —
    Natur 125, 131
Prüfung, Kaninchenschleppe —
    Herausziehen 125, 131
Prüfungsordnung 124
Prüfungsvorbereitung 124
Prüfungszulassung 125
Rachtitis 51
Rassekennzeichen 15
Räude 54
Rauhhaarteckel 24
Reinzucht 126
Revieren 32
Ridinger, J. E. 10
Riemenarbeit 80, 104, 127
Rückbiß 21
Rückendelle 16
Rückenschuß 95
Rückenwirbel 17
Rüde 32
Rute 16, 20, 32
Rutenansatz 16
Schärfe 114, 117
Scharren 32
Scherenbiß 18
Schieber 90
Schlafraum 41
Schläge 20
Schleppe 76
Schnalle 32
Schneidezähne 17
Schnitthaar 97
Schonen 32
Schöpfen 32

Schulter 32
Schulterblatt 15
Schultergelenk 17
Schulterpartie 16
Schußfestigkeit 74
Schußhitze 32
Schußscheu 32
Schußzeichen 95
Schwanenhals 20
Schwanzwirbel 17
Schweiß 97
Schweißarbeit 76, 103
Schweißarbeit, natürliche Wund-
    fährte 85
Schweißen 32
Schweißhalsung 103
Schweißprüfung, Kunstfährte
    (SchwhK) 125, 127
Schweißprüfung, Naturfährte
    (SchwhN) 125, 129
Schweißriemen 63, 82, 80
Schweißriemen, Abdocken 82
Schweißriemen, Aufdocken 80
schwerer Schlag 20
Seitenbrunst 16
Seitliche Bauchwand 16
Senkrücken 20
Setzen 64
sichtlaut 32
Sichtzeichen 61, 64
Sinnesleistung 13
Sozialisierungsphase 61
Speiche 17
Spitzschuß 96
Sprengen 32
Spritzfährte 79
Spritzflasche 79
Sprunggelenk 16
Spulwürmer 55
Spur 32
Spurlaut 32, 132
Spurlautprüfung (Sp) 125, 126
Standlaut 32
Streunen 32
Staupe 51, 55
Staupegebiß 20
Stirnabsatz 16
Stöberarbeit 113

Stöbern 88
Stöberprüfung (St) 125, 129
Streifschuß 96, 97
Stubenhaltung 36, 43
Stubenreinheit 63
Stuttgarter Hundeseuche 52
Tabletten, Eingeben 48
Tätowierung 122
Teckel, Fehler 20
Teckel, Körperteile 15, 25,
    19
Teckellähme 56
Teckel, Skelett 17
Teckelzucht 117
Tigerteckel 23
Tollwut 56
Totengräber 32
Totverbeller 87
Totverweiser 86
Toxoplasmose 57
Tracht 33
Trächtigkeit 119
trächtig sein 33
Tragsack 33
Tritt 33
Tupffährte 78
Tupfstock 78
Überaugenbrauen-
    knochen 17
Übernachtfährte 79
Übungsfährte 78
Übungsphase 61
Unterarm 16, 17
Unterbauch 16
Unterbrust 16
Unterkiefer 16, 17
Urinuntersuchung 49
vegetative Phase 60
Verbandspäckchen 58
Vergiftungen 57
Verhalten an Hausgeflügel
    70
Verhalten beim Schuß 93
Verleitungsfährte 83
Vernehmen 32
Verstopfung 57
Vertrautmachen,
    Wasser 74

Vielseitigkeitsprüfung (Vp) 125,
    130
Vorbiß 21
Vorbrust 16
Vorderbrust 16
Vorderfußwurzel 17
Vordermittelfuß 17
Vordermittelfußknochen 17
Vorderpfote 15, 16
Wachsamkeit 67
Wahrnehmen 32
Wamme 20, 32
Wasserarbeit 74
Wasserschüssel 43
Waiddarm 32
waidlaut 32
Waidloch 32
Waidwundschuß 96
Welpen 33
Welpenaufzucht 121
Werfen 32
wesensfest 114, 117
Widergang 104, 105
Widerrist 16
Wildbretschuß 96
Wildpansen 44
Wind bekommen 32
Winseln 31
Wurf 32
Wurfkiste 120
Xenophon 9
Zangenbiß 18
Zecken 46
Zehen 17, 19, 32
Zuchtberatung 117
Zuchtbestimmungen 117
Zuchteignung 117, 118
Zuchtordnung 117
Zuchtpraxis 119
Zuchtverfahren 117
Zuchtverwendung 117
Zuchtwart 117
Zuchtwert 117
Zunge 32
Zusatzprüfung Kunstbau (Zusatz
    K) 125, 127
Zusatzprüfung Kunstbau (Zusatz
    N) 125, 127

Zwergteckel 27
Zwinger 39, 41
Zwingerhaltung 36
Zwinger-Stubenhaltung, kombi-
    nierte 36